Gisela Eberhardt

Spurensuche in der Vergangenheit

Eine Geschichte der frühen Archäologie

Für Suse und Frieder Eberhardt

Gedruckt mit freundlicher Unterstützung der VW-Stiftung

Die Deutsche Nationalbibliothek verzeichnet diese Publikation
in der Deutschen Nationalbibliografie;
detaillierte bibliografische Daten sind im Internet über
http://dnb.d-nb.de abrufbar.

Die Herausgabe des Werkes wurde durch die Vereinsmitglieder
der WBG ermöglicht.
Umschlaggestaltung: Lohse Design, Heppenheim
Umschlagbild: In der Schweiz verteiltes Flugblatt von 1844,
das kolorierte Abbildungen typischer Funde nach einem Entwurf
des Zürcher Archäologen Ferdinand Keller zeigt.
Abbildung Titelei: Ausgrabungsfeld von Olympia von Nordwesten.
Foto der Gebrüder Romaïdis, Patras. In: Ernst Curtius (Hrsg.):
Die Ausgrabungen zu Olympia, Band 2: Übersicht der Arbeiten
und Funde vom Winter und Frühjahr 1876–1877, Berlin 1877.
Layout, Satz und Prepress: Lohse Design, Heppenheim
Redaktion: Antje Kuhle, Berlin
Gedruckt auf säurefreiem und alterungsbeständigem Papier
Printed in Germany

Besuchen Sie uns im Internet: www.wbg-wissenverbindet.de

ISBN 978-3-534-23553-7

Elektronisch sind folgende Ausgaben erhältlich:
eBook (PDF): 978-3-534-70953-3
eBook (epub): 978-3-534-70954-0

Inhalt

Die Vorstellung der Romantik von der griechischen Antike: Caspar David Friedrich, Junotempel in Agrigent, um 1828–1830.

1

Wege des Wissens
Der Boden als Informationsquelle

Ob Tempel am Mittelmeer, historische Stadtentwicklung in Sri Lanka oder Gräber der Wikingerzeit in Irland – die Archäologie erforscht sie alle. Nicht nur Römer und Griechen sind, wie es mancher in der Schule fälschlich gelernt haben mag, Gegenstand von Archäologie. Im Gegenteil, es gibt heute zahlreiche verschiedene Disziplinen und Subdisziplinen, die archäologisch arbeiten: Also eigentlich zahlreiche „Archäologien". Von der Ur- und Frühgeschichte bis zur Industriearchäologie, alle untersuchen sie materielle Rückstände und beschäftigen sich auf diese Weise mit vergangenen Gesellschaften. So konzentriert sich die Klassische Archäologie hauptsächlich auf die Länder, die einst zum Römischen Reich gehört haben, und die Vorderasiatische Altertumskunde besonders auf die Kulturen des Nahen Ostens vom 9. Jahrtausend v. Chr. bis zur islamischen Eroberung. Während die Urgeschichte alle menschlichen Erscheinungen Europas von der Altsteinzeit bis etwa zur Zeitenwende erforscht, beschäftigen sich die Frühgeschichte und die Mittelalterarchäologie mit den daran anschließenden Zeiträumen. Ein weiteres Beispiel ist die Ägyptologie. Sie ist ursprünglich eine philologische Disziplin, welche die Erforschung des Alten Ägypten zusätzlich mit archäologischen Mitteln betreibt. Archäologisch untersucht werden heute überdies neuzeitliche Phänomene wie Anlagen der frühen Industrialisierung oder Reste nationalsozialistischer Konzentrationslager.

Archäologie bezeichnet also kein einzelnes Fach, sondern eine materielle Herangehensweise an Geschichte, mit der unterschiedlichste Zeiten und Räume erforscht werden können. Alle archäologischen Disziplinen verbindet somit, dass sie sich mit vergangenen Gesellschaften beschäftigen und dass sie dies hauptsächlich auf der Grundlage von materiellen Objekten im weitesten Sinn tun. Ein solches archäologisches „Objekt" kann ein Schmuckstück oder eine Scherbe ebenso wie eine Gebäuderuine sein, ein im Salzstock über Jahrhunderte erhaltener Rest von Exkrementen eines keltischen Bergarbeiters oder einfach eine unscheinbare Verfärbung im Boden, die auf frühere menschliche Aktivitäten schließen lässt. Die archäologischen Rückstände werden auf unterschiedliche, teils zufällige und teils intendierte Weise gefunden, geborgen oder ausgegraben. Die gezielte Erschließung des Quellenmaterials findet zum einen auf ‚nicht-invasivem' Weg statt, durch systematische Geländebegehung, Survey genannt, oder oberflächige Untersuchung von Strukturen und Gebäuderesten, zum Beispiel mit den Methoden der geophysikalischen Prospektion. Zum anderen sind es vor allem Ausgrabungen, die eine tragende Rolle bei der Gewinnung archäologischer ‚Rohdaten' spielen.

Ausgrabungen im weitesten Sinn gab es immer und überall. Schon im Alten Ägypten gruben Grabräuber die reichen Bestattungen ihrer eigenen Zeitgenossen aus. Ebenfalls zeitnah zur Grablegung wurde auch der eisenzeitliche Bestattungshügel „Magdalenenberg" in Baden-Württemberg von Plünderern durchsucht. Die Täter ließen den Spaten zurück, mit dem sie das um 600 v. Chr. angelegte zentrale Grab geöffnet hatten. Dessen Holz ließ sich dendrochronologisch datieren. Für spätere Zeiten geben oft Texte Auskunft, wo und auch warum der Boden durchsucht wurde. Gewinnsucht, Sammlerlust oder einfach Neugier motivierten so zu allen Zeiten Menschen zum Graben. Doch erst im Laufe des 19. Jahrhunderts wurden wissenschaftliche Methoden der archäologischen Bodenuntersuchung entwickelt. Jetzt grub man nicht mehr einfach nur um interessante oder wertvolle Objekte zu bergen, sondern um historisches Wissen zu erlangen. Unsystematische Durchsuchungen des Bodens galten zunehmend als unzivilisierte Wühlerei und waren geradezu verpönt bei jenen, die sich selbst als Wissenschaftler auf diesem Gebiet betrachteten. Es waren die Ausgräber des 19. Jahrhunderts, die anfingen, sich über Methoden Gedanken zu machen und die so zu Pionieren der modernen archäologischen Forschung wurden. Auch zahlreiche deutsche Gelehrte und Hobbyarchäologen bemühten sich sowohl an heimischen Orten des Altertums als auch bei archäologischen Ausgrabungen, die sie im Ausland unternahmen, verstärkt darum, dem kategorischen Anspruch nach Wissenschaftlichkeit des 19. Jahrhunderts gerecht zu werden. Eine durchaus internationale Reputation verschaffte sich diese ‚community' der deutschen

Ausgräber sowohl in der prähistorischen Forschung als auch in der Klassischen Archäologie bis zum Beginn des ersten Weltkriegs. Ihre Geschichte dokumentiert spannend das Ringen um Wissenschaftlichkeit zwischen Anspruch und Realität.

Bis in das 19. Jahrhundert hinein überwog an allen als interessant erachteten Orten der Welt neben der enzyklopädischen Erfassung überirdisch sichtbarer Monumente die Durchsuchung von entsprechenden Fundstellen nach attraktiven Fundstücken. Für die antiquarisch und kunsthistorisch ausgerichteten Archäologien war das Auffinden origineller oder besonderer Artefakte primäres Grabungsziel. Darüber hinaus sind aber bereits aus dem 17. und 18. Jahrhundert Schriften überliefert, in denen die Notwendigkeiten einer systematischen Vorgehensweise dargestellt und entsprechende Anleitungen zum Graben erteilt werden. Die Funde galten deren Autoren nicht nur als Sammlerstücke, sondern als historische Quellen mit Informationen über die Besitzer. Der Theologe Andreas Rhode erklärte in seinen „Cimbrisch-Hollsteinischen Antiquitaeten-Remarques" von 1720 die heimischen „Reliquien" sogar zur einzig wirklich authentischen Quelle des Altertums, „denn woher sollen wir rechte Nachricht von den Vorfahren und von ihrem damaligen Zustand haben, wenn wir die Quellen nicht aus der Erde holen". Rhode betonte, dass solche Funde aus der Erde durchaus auch die antiken Schriften widerlegen könnten, indem sie „so nett ausgearbeitet" zum Beispiel zeigten, „dass unsere Vorfahren solche grobe ungeschickte Leute bey weitem nicht gewesen, als sie von denen Roemischen Scribenten ausgeschrien werden". Dieser Neueinschätzung der Aussagekraft archäologischer Funde folgend, resultierte eine Forderung nach umsichtigen, planvollen Ausgrabungen. Ähnlich wie in Verbindung mit reinem Sammlungseifer waren jedoch auch diese Bodenuntersuchungen zum größten Teil alleinig auf das Einzelartefakt gerichtet. Wichtig war dessen zerstörungsfreie Bergung, gegebenenfalls konnte es daher ausreichen, nur fundversprechende Areale zu öffnen. Der Frage, wie ein Grabhügel aufgebaut war, wurde also in der Regel ebenso wenig Erkenntniswert beigemessen wie zum Beispiel den Knochen aus einer Bestattung, die man aus Gründen der Pietät ohnehin wieder zu vergraben hatte. Folglich hielten es die frühen Verfechter einer planvollen Arbeitsweise zwar für unbestreitbar, „dass aller Fund von der Weise und Sorgfalt abhängt, mit welcher gegraben wird", wie der bayrische Historiker Lorenz von Westenrieder im Jahr 1792 betonte. Doch ähnlich unsystematischer „Schatzsuche" sah auch die historisch motivierte Grabungstätigkeit zunächst meist keinen Anlass, die Lage eines Fundes oder die umgebenden Bodenstrukturen zu berücksichtigen. Ausnahmen stellten etwa die Grabungen des skandinavischen Naturforschers Ole Rudbeck dar, der im 17. Jahrhundert zahlreiche Gräber aufdeckte. Er verfolgte das Ziel, die Errichtung der einzelnen Monumente zeitlich zu erfassen sowie die zugehörigen Artefakte zu datieren. Auf diesem Weg wollte er den Zeitpunkt der ersten Besiedlung Schwedens festlegte. Rudbeck führte seine Untersuchungen an einer sehr großen Zahl von Grabhügeln nicht nur mit einer grundsätzlich stärker regelhaften Grabungsweise durch, sondern gilt darüber hinaus bis heute als Pionier in Bezug auf die Beobachtung und Messung von Schichtsequenzen.

Doch auch jene ganz frühen Ausgräber, welche die Altertümer mit einem geschichtlichen Anspruch betrachteten, erachteten die archäologischen Quellen nicht als hinreichende historische Zeugnisse. Ihre Ausführungen unterschieden sich in einem bedeutenden Punkt von denen der modernen Archäologie des späten 19. Jahrhunderts: Sie waren grundsätzlich in Anlehnung an schriftliche Quellen formuliert. Aus Texten bekannte Fakten sollten auf dem Weg der Ausgrabung überprüft werden, und auch die zeitliche Einordnung von gewonnen Ergebnissen und Fundstücken erfolgte, wenn überhaupt, mittels der vertrauten und als vertrauenswürdig geltenden Schriften. Auch Ole Rudbeck nutzte für die auf stratigraphischem Weg gewonnene Datierung der von ihm geöffneten Grabhügel eine Chronologie, die auf der Bibel basierte. Und noch die Ausgräber der zahlreichen deutschen Grabhügel in den Jahrzehnten nach 1800 scheinen sich regelrecht bemüßigt gefühlt zu haben, durch Zitate aus – zumeist antiken – Schriftquellen ihren archäologischen Ergebnissen Gewicht zu verleihen. Da sich naturgemäß kaum exakte Fundstellen in den Textquellen beschrieben fanden, mussten sie in der Regel dabei auf eher Unspezifisches zurückgreifen. Etwa so, wie ein hessischer Ausgräber namens J. C. Schaum 1819 seinen Ausgrabungsbericht zu Grabhügeln in der Grafschaft Solms-Braunfels einleitete: „Funerum nulla ambitio. Sepulcrum cespes erigit“, zitierte er Tacitus, und sah „also“ damit durch die Schriftquelle bestätigt: „ein Rasenhügel bildet des teutschen Grabmal“. Objekte und Befunde mit einer Textquelle korrelieren zu können, büßte zwar seine Attraktivität für die Altertumsforschung auch später nie ganz ein, doch verlor der Bezug im Verlauf des 19. Jahrhunderts in dem Maße an Zwangsläufigkeit, in dem sich der – in den Möglichkeiten der textunabhängigen zeitliche Ein-

Das alte Ägypten, wie Napoleon es sah: die Chephren-Pyramide um 1800.

ordnung für Objekte begründete – Gedanke einer Eigenständigkeit archäologischer Quellen zunehmend etablierte. In der zweiten Jahrhunderthälfte trug ausgerechnet der vermutlich berühmteste ‚Ausgräber nach Schriftzeugnis', Heinrich Schliemann, wesentlich zu einer veränderten Zielsetzung der archäologischen Forschung bei, die, statt weiterhin in erster Linie die bereits aus schriftlichen Quellen bekannte Geschichte zu illustrieren oder zu widerlegen, nach Erkenntnissen über bisher nicht bekannte historische Perioden und Fakten strebte.

Obwohl frühe Strategen wie Rhode oder Rudbeck in Umsicht und Präzision ihres Vorgehens späteren Ausgräbern nicht nachgestanden haben mögen, kann vor dem 19. Jahrhundert nicht von Methode im Sinne wissenschaftlicher Normenbildung im europäischen Ausgrabungswesen gesprochen werden. Wie betont war es nur eine kleine Zahl von Archäologen, die sich überhaupt Gedanken darüber machte, auf welche Weise eine Ausgrabung durchzuführen sei. Dabei kommt die Untersuchung von vorgeschichtlichen Grab-

1816 lässt Giovanni Belzoni den Kopf der Statue von Ramses II. in das Britische Museum nach London abtransportieren.

hügeln in Deutschland keineswegs erstmals im 19. Jahrhundert in Mode. Rhode schreibt bereits 1719, es seien von den holsteinischen Tumuli „in einigen Jahren viele Hundert eroeffnet und durchsuchet worden". Der Austausch über solche Tätigkeiten muss zu jener Zeit allerdings in engen lokalen Grenzen stattgefunden haben, was stark mit der fehlenden medialen Infrastruktur zusammenhing. In den seltensten Fällen erfolgte eine veröffentlichte Berichterstattung, die Vergleiche von Ausgrabungen und Ausgrabungsverfahren etwa auf nationaler Ebene ermöglicht hätten. Nicht jeder konnte wie Rhode seine Texte auf eigene Kosten verlegen. Im Gegensatz dazu erlaubten im 19. Jahrhundert mehr oder weniger regelmäßig erscheinende Zeitschriften, die von den neu gegründeten Altertumsvereinen herausgegeben wurden, eine Abkehr von unerschwinglicher monographischer Bearbeitung und damit einen rapiden Anstieg publizierter Ausgrabungsberichte.

Andere archäologische Zweige gingen in Bezug auf die Methodik vergleichbare Wege. Primär von Sammeleifer motiviert waren die frühen archäologischen Maßnahmen in Ägypten und dem Vorderen Orient. Die französischen Ambitionen im Zusammenhang mit Napoleons Ägypten-Feldzug um 1800 kamen dabei ganz ohne Ausgrabungen aus, und auch die von Richard Lepsius geleitete deutsche Expedition in der ersten Hälfte des 19. Jahrhunderts diente ausschließlich der Erweiterung der Sammlung des Ägyptischen Museums Berlin um wissenschaftlich und museal wertvolle Fundstücke. Als erster Europäer begann der Italiener Giovanni Belzoni 1817 Ausgrabungen in Ägypten durchzuführen, die methodisch heute als Grabräuberei eingestuft werden. Die Assyrologie war bis zum Ende des 19. Jahrhunderts von der Entzifferung von Keilinschriften und deren Inhalt in Bezug auf das Alte Testament dominiert, und die Funde des Vorderen Orients hatten lange nicht denselben Stellenwert für die Sammlungen wie etwa die ägyptischen Schmuckstücke. Die klassische Archäologie gilt allgemein als bis in das 20. Jahrhundert ausgrabungstechnisch rückständig. Tatsächlich wurde in Bezug auf ihre renommierten antiken Fundplätze erst vergleichsweise spät überhaupt eine Systematik der Bodenerforschung berücksichtigt. Man begnügte sich damit, den Boden zu durchsuchen, da auch die Ausgrabungen auf diesem Terrain lange in erster Linie auf die attraktiven Objekte abzielten, verstärkt durch eine von jeher kunsthistorische Orientierung der klassischen Fachrichtung. Die berühmtesten Beispiele solcher Ausgrabungen im 18. Jahrhundert wurden in den beiden im Jahr 79 n. Chr. durch den Ausbruch des Vesuv verschütteten römischen Städten Herculaneum und Pompeji durchgeführt. Planvoll war das Vorgehen an diesen Stätten insofern, als man die Auffindung und Entnahme für wertvoll erachteter archäologischer Stücke effizient gestalten wollte. Eine Beobachtung von Zusammenhängen fand dabei allerdings in der Regel nicht statt. Bodenstrukturen fanden im Fach lange keine Beachtung. Dadurch hatte auch die um 1890 erfolgte ‚Entdeckung des Pfostenlochs', also die Entdeckung, dass runde Verfärbungen im Boden häufig verwitterte Spuren ehemaliger Holzpfosten sind, kaum Auswirkungen auf die Feldarbeit der Klassischen Archäologie. Es ging weiter fast ausschließlich um Steinarchitektur, wodurch das Bild antiker Zivilisation beherrscht blieb von Steinbauten. Der Boden selbst war keine wichtige Informationsquelle.

Wie entstehen aber neue Erkenntnisse in den Wissenschaften? Warum werden zu einem bestimmten Zeitpunkt bestimmte Entdeckungen gemacht oder neue Methoden entwickelt – und nicht zu einem anderen? Was veränderte also im Laufe des 19. Jahrhunderts die Arbeit der Archäologen so grundlegend und machte gerade zu jener Zeit eine umfassende Diskussion über Methoden unter Ausgräbern erforderlich und möglich?

Pompeji um 1900 – ein Überblick.

Unlängst machte der Archäologe Gavin Lucas in einem aktuellen Buch über die Geschichte britischer Ausgrabungen den veränderten Kulturbegriff des 19. Jahrhunderts dafür verantwortlich, dass die Fundplatzuntersuchung in dieser Zeit an Bedeutung gegenüber der reinen „Lehnstuhl-Archäologie“ gewann, die ihre wissenschaftlichen Forschungen weniger an archäologischen Stätten als in der heimischen Stube beim Betrachten von Fundstücken und Skizzen betrieben hatte. Solange nämlich Kultur als universelles Konzept verstanden wurde, war vom einzelnen Fundplatz nichts Besonderes zu erwarten. Erst mit einem veränderten Verständnis von Kultur als spezifischem, individuellem Ausdruck wurde auch der singuläre Fundplatz in seiner Einzigartigkeit wichtig. Als beispielhaft für die Umsetzung dieses Gedankens gilt die 1887 formulierte Museumskonzeption des Ethnologen Franz Boas, der sich gegen eine typologisch orientierte Präsentation völkerkundlicher Objekte wandte und forderte, das ethnologische Interesse solle sich statt auf die äußere Form des Objektes auf dessen Bedeutung richten. Anstatt also zum Beispiel sämtliche Steinhämmer eines Museums ungeachtet ihrer Herkunft in einem Ausstellungsraum zu versammeln, alle Rasseln im nächsten und die Pfeifen in einem dritten, verlangte er, die Gegenstände nach Stammeszugehörigkeit und im Kontext ihrer Bedeutung zu vereinen: beispielsweise einen Raum mit Artefakten der Kwakiutl-Indianer einzurichten und darin alle Hämmer, Rasseln und Pfeifen des Stammes auszustellen unter Berücksichtigung ihrer Bedeutung für den Stamm.

Interessant ist dabei der prägende Einfluss einer theoretischen Idee wie „Kultur" auf die repräsentative und im Fall der Archäologie sogar ganz praktische Seite von Wissenschaft. Das Beispiel aus der Ethnologie belegt darüber hinaus, wie das Ringen um die neuen Kategorien kulturanthropologischer und historischer Erkenntnis eine Interdisziplinarität hervorbringt, die weit über das frühe 19. Jahrhundert hinaus virulent blieb. Denn was Boas hier gewissermaßen „anwandte", hatte in der Darstellung anthropogener Artefakte zu diesem Zeitpunkt bereits Tradition: Die Übertragung neuer biologischer Ordnungsstrukturen auf Objekte der Ethnologie und der Archäologie. Bei Boas' Anordnung wird die Nähe zur Lehre des französischen Paläontologen George Cuvier deutlich. Dieser hatte bereits um 1800 seiner Systematisierung nicht mehr die Morphologie des einzelnen Organs zugrunde gelegt, sondern dessen Funktion innerhalb des Gesamtorganismus. Im Umgang mit prähistorischen Funden wurde von Cuviers taxonomischen Darstellungen zum Teil bereits fünfzig Jahre vor Boas' Museumskonzept Gebrauch gemacht. Sven Nilsson, Professor der Zoologie in Lund und Altertumsforscher, erschien der Rückgriff auf Cuviers Fossilanalysen schon um 1830 eine gewinnbringende Annährung an archäologische Artefakte. Dreißig Jahre später berichtete er: „Mein erster archäologischer Versuch war ein ‚Entwurf zur Geschichte der Jagd und Fischerei in Skandinavien'. So gering das Material, welches mir damals zu Gebote stand, befolgte ich doch schon bei dieser Abhandlung die vergleichende Forschungsmethode, welche der unsterbliche G. Cuvier in seinen ‚Recherches sur les ossemens fossiles' in der Naturforschung anwenden gelehrt, und die seitdem Licht über so manche andere Wissenschaft verbreitet hat." Und ergänzte zufrieden, es freue ihn, „dass diese Methode jetzt auch in der Archäologischen Forschung mehr und mehr zur Anwendung" komme.

Als eine der wichtigsten paradigmatischen Leitlinien im Denken des 19. Jahrhunderts wird die Idee der Entwicklung betrachtet, als eine zweite die Ordnung und Systematisierung dieses Geschehens. Die dargestellte ‚biologistische' Gliederung von Artefakten erscheint vor diesem Hintergrund nicht weiter erstaunlich. Die methodischen Anleihen der archäologischen Altertumskunde aus dem Bereich der Geologie-Paläontologie sind darüber hinaus aber in einem fachspezifischen Sinn weitreichender. Sie beruhten einerseits auf der formal verwandten Herkunft des Quellenmaterials aus dem Boden und führten zur raschen Etablierung relativchronologischer Prinzipien in der archäologischen Feldforschung. Andererseits lassen sie sich auf die inhaltlichen Überschneidungen zurückführen, denen man Gewicht gab, seit in der zweiten Jahrhunderthälfte die Paläontologie mit der Paläoanthropologie als Bereich der physischen Erforschung früher Tiere und Menschen sowie die Paläolith- oder Altsteinzeitforschung mit der Aufgabe, die Hinterlassenschaften der frühesten Menschen zu untersuchen, als Teile einer umfassenden Menschheitsgeschichte neben die bis dahin betriebene Altertumskunde traten. Noch 1895 betonte das Brockhaus Konversations-Lexikon unter dem Stichwort ‚Urgeschichte':

„Die Fortschritte der modernen Prähistorie beruhen auf der Anwendung der exakten Methoden der Paläontologie und der Geologie".

Die formale Ähnlichkeit der Quellensituation hatte zur Folge, dass die Archäologie von jenen relativchronologischen Erkenntnissen profitierte, die seit Ende des 18. Jahrhunderts die geologische Forschung geradezu revolutionierten. Denn alle Diskussionen um Alter und Entwicklung von Erde und Lebewesen, die in den darauf folgenden hundert Jahren das zentrale Problem zahlreicher Naturwissenschaften darstellen sollten, alles „Wissen um das Durchdrungensein der Gegenwart von der Vergangenheit", wie es die österreichische Autorin Christiane Zintzen nennt, setzte das erdgeschichtliche Paradigma vom Verhältnis zwischen Ablagerung und Alter voraus.

Für eine Möglichkeit der zeitlichen Differenzierung von Objekten schuf am Ende des 18. Jahrhunderts der englische Bauingenieur William Smith die grundsätzliche methodische Basis mit seiner Erforschung geologischer Schichtfolgen und deren Fossilinhalt. Bereits 1790 hatte er einen Vorschlag für die Klassifikation der westenglischen Gesteinsformationen vorgelegt und sich „hinsichtlich der Gesetze der Ueberlagerung der geschichteten Gebirgsarten überzeugt, daß die Ordnung der Folge verschiedener Gruppen nie umgekehrt liegen, und daß ihre Identität selbst an sehr entfernten Punkten durch die ihnen eigenthümlichen Versteinerungen dargethan werden können". Smiths – hier in den Worten des Geologen Charles Lyell dargestellte – Entdeckung von der regelhaften Abfolge geologischer Gesteinsschichten etablierte sich im Verlauf der kommenden Jahrzehnte. Sie ermöglichte die Einsicht in den Nutzen von Fossilien für die relative Altersbestimmung von Schichten. Ähnlich wie sich immer dieselben Gesteinsarten aufeinandergeschichtet fanden, erwiesen sich auch die Versteinerungen in den spezifischen Schichten als stets die gleichen. In Deutschland lehrte der Begründer der „Geognosie", Abraham Gottlob Werner, an der Bergakademie in Freiberg bereits zu Beginn des Jahrhunderts „Versteinerungskunde". Auch das dreibändige, 1833–35 erschienene „Lehrbuch der Geologie" von Charles Lyell, aus dem das obige Zitat stammt, trug wesentlich zur Verbreitung der Idee der stratigraphisch begründeten Datierung bei. Der Gewinn einer textunabhängigen Datierungsmethode für Objekte war für die weitere Entwicklung aller Wissenschaften, die sich mit Bodenfunden befassten, von weitreichender Bedeutung. Denn die grundsätzliche Voraussetzung dafür, dass

Seit dem 18. Jahrhundert verstand man zunehmend geologische Lagerungsverhältnisse und lernte so auch, Schichten und darin enthaltene Fossilien zu datieren: Titelbild von Charles Lyells „Principles of Geology", London 1830–1833.

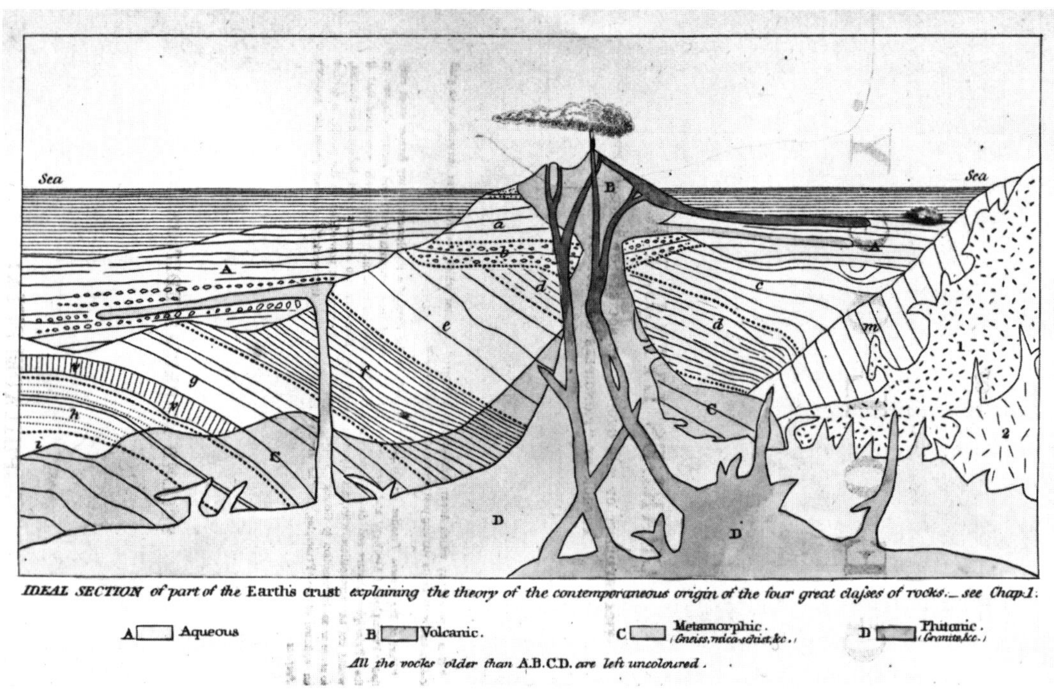

Objekte als eigenständige historische Quellen (an)erkannt werden konnten, war erst gegeben, nachdem sie die Zeitdimension erhielten, welche für eine Rekonstruktion von Geschichte unerlässlich ist.

Zwar wurde die direkte chronologische Signifikanz dieser stratigraphischen Erkenntnisse in den archäologischen Wissenschaften erst in der zweiten Hälfte des 19. Jahrhunderts beschrieben. Dennoch ist auch die frühe chronologische Gliederung der urgeschichtlichen Epochen in Steinzeit, Bronzezeit und Eisenzeit nur auf der Grundlage dieser raum-zeitlichen Verknüpfung denkbar, die sich letztlich auf das Prinzip reduzieren lässt, dass im Verbund aufgedeckte Gegenstände als zeitgleich zu gelten haben. Christian Jürgensen Thomsen, damals in Kopenhagen Leiter des Museums für Nordische Altertümer, gilt als Begründer des sogenannten Drei-Perioden-Systems. Sein „Ledetraat til Nordisk Oldkindighet“ (Leitfaden zur nordischen Altertumskunde) erschien sechs Jahre nach Lyells erstem Band des „Lehrbuchs“. 1837 war Thomsens Buch bereits auf Deutsch erhältlich. Anders als frühere Gliederungen, die Materialkategorien wie Stein, Bronze und Eisen spekulativ oder ideell (etwa angelehnt an den antiken Mythos einer Abfolge von goldenem, silbernem und eisernem Zeitalter) in eine Reihenfolge gebracht hatten, bediente sich der Däne zum Beleg der zeitlichen Abfolge eines empirischen Ordnungsverfahrens. Es beruhte auf der Relevanz des geschlossenen Fundes, also jeweils einer Ansammlung von Gegenständen, die als gemeinsam niedergelegt gelten. Dass Artefakte aus Stein in den meisten Fällen zusammen mit anderen Artefakten aus Stein gefunden wurden, sehr selten aber nur mit Bronzeobjekten, und dass Steinwerkzeug grundsätzlich nicht mit Eisen- oder Silberartefakten im Verbund auftauchten, schien Thomsen Beweis für die zeitliche Zusammengehörigkeit der jeweiligen Kategorien. Vor allem daraus schloss er auf die genannte zeitliche Abfolge von Stein-, Bronze- und Eisenzeit.

Stratigraphie und die Bedeutung des geschlossenen Fundes entstehen als Komponenten der Relativchronologie somit grundsätzlich aus derselben Erkenntnis: Dass auf gleichem Raum oder in gleichem Niveau Gefundenes zusammen in den Boden gekommen und damit einigermaßen gleich alt sei. Mit der Herausbildung zeitlicher Abfolgen von Objekten in Geologie (Fossilien) und Altertumskunde (Artefakte) ab der Wende zum 19. Jahrhundert wurde die Voraussetzung geschaffen, mit der das archäologische Fundmaterial zur eigenständigen Quelle der Geschichtswissenschaft werden konnte.

Bedeutsam war damit auch weiterhin in erster Linie das Objekt, man beobachtete jetzt allerdings die relative Lage der Fundstücke zueinander und zog chronologische und inhaltliche Schlüsse über ihre Position im Boden. Das erklärt ebenfalls, warum neben den oberirdisch sichtbaren Monumenten der Schwerpunkt der archäologischen Quellenarbeit teilweise bis in das 20. Jahrhundert hinein europaweit auf Gräbern lag: sie lieferten am zuverlässigsten gut erhaltene Objekte.

Der zweite wesentliche Aspekt, der die archäologische Altertumskunde mit der Geologie verband, beruhte auf ihrer inhaltlichen Schnittmenge. Seit den 1820er Jahren wurden in ganz Europa immer häufiger Menschenknochen oder Artefakte zusammen mit Knochen ausgestorbener Tiere aufgedeckt, wodurch die Idee von der zeitlichen Bedeutung räumlicher Objektzusammenstellungen in die Menschheitsgeschichte eindrang: Wenn der Mensch bereits zeitgleich mit aktuell nicht mehr lebenden Tieren existiert haben sollte, musste er wesentlich älter sein, als bislang angenommen. Für ihre rasche Durchsetzung standen solche Annahmen jedoch zu stark im Konflikt mit herkömmlichen Modellen der Menschheitsgeschichte, besonders mit dem klerikalen Bild einer nur 6000 Jahre umfassenden biblischen Chronologie der Welt. Selbst im letzten Viertel des 19. Jahrhunderts herrschte noch keineswegs öffentlicher Konsens über das Alter von Erde und Mensch. Die Funde menschlicher Überreste in Verbindung mit Knochen ausgestorbener Tiere galten zwar durchaus als Argument gegen die Weigerung maßgeblicher Forscher, grundsätzlich die Annahme eines tertiären Menschen zu akzeptieren. Die Resonanz auf die Veröffentlichung solcher Ergebnisse wurde in der wissenschaftlichen Welt allerdings lange durch die Entgegnung erstickt, Menschenknochen und Faustkeile aus britischen Höhlen oder französischen Flussterrassen könnten theoretisch ebenso gut durch die Vermischung von Straten bei Erdkatastrophen in die geologisch sehr alten Schichten gelangt sein.

Dementsprechend wurde der wissenschaftliche Zusammenhang der Paläolith- oder Altsteinzeit-Forschung auf der einen und der Archäologie der späteren ur- und frühgeschichtlichen Epochen auf der anderen Seite erst im fortgeschrittenen 19. Jahrhundert hergestellt. Zunächst berührten die altsteinzeitlichen Steinwerkzeuge in Verbindung mit Überresten ausgestorbener Tiere vor allem die Frage nach dem hohe Alter der Menschheit, während die mannigfaltigeren Funde etwa der Jungsteinzeit oder der Bronze- und Eisenzeit aus

Kadaver eines Mammutkalbs, der im sibirischen Eis über Jahrtausende sogar mit Haut erhalten blieb. Unter gewöhnlichen Bedingungen zeugen von ausgestorbenen Tieren nur noch Knochen und Zähne.

Stein, Keramik und Metall stärker auf die Lebensbedingungen ihrer einstigen Nutzer verwiesen. Der kanadische Archäologe Bruce Trigger betrachtet die beiden Bereiche europaweit gar als zwei Wellen der Entstehung der prähistorischen Wissenschaft. Er unterscheidet die französische Paläolithforschung von der skandinavischen Altertumskunde vor allem in Bezug auf ihre Ziele und Methoden: erstere verstand sich seiner Meinung nach eher als Naturwissenschaft, während man sich in Skandinavien mehr dafür interessierte, wie bestimmte Menschen in der Vergangenheit gelebt hatten.

Dafür, dass diese beiden Zweige der Erforschung der Menschheitsgeschichte in den ersten Jahrzehnten des 19. Jahrhunderts deutlich getrennte Wege gingen, lassen sich verschiedene weitere Gründe jenseits inhaltlicher Interessensunterschiede anführen. Zum einen kam die Erforschung eines pleistozänen Menschen unweigerlich in Konflikt mit der auf 6000 Jahre festgeschriebenen biblischen Chronologie, während derselbe Zeitraum problemlos ausreichte, um die zu Beginn des 19. Jahrhunderts festgelegten Perioden der Vorgeschichtsforschung unterzubringen. Eine Auseinandersetzung mit jenem Problem, das den Paläolithikern soviel Ärger mit Kirche und Gesellschaft einbrachte, konnte sich die Altertumskunde ersparen. Obwohl die Geschichtswissenschaften die prähistorischen Zeiträume aus verschiedenen Gründen lange nicht als Epochen der Geschichte akzeptierten, sahen sich die heimatkundlichen Archäologen in Deutschland selbst sehr wohl als Historiker und die von ihnen betriebene vaterländischen Altertumskunde „als Hülfswissenschaft der Geschichte“. Bei einer Einteilung in „Naturgeschichte“ und „Geschichte“, wie sie gängig war, ordneten sie sich selbst ganz klar dem geschichtlichen Lager zu. Ein politischer Faktor tat nach 1800 sein übriges: Im Gegensatz zur heimischen Gräberarchäologie ließ sich die Altsteinzeitforschung nicht vaterländisch ideologisieren, sie taugte aufgrund ihrer großen zeitlichen Tiefe nicht für den nationalen Rahmen.

In der zweiten Hälfte des Jahrhunderts konnte die Altertumskunde die Diskussion um den frühen Menschen nicht länger ignorieren. Die im Laufe der Jahrzehnte gemachten Höhlenfunde in ganz Mitteleuropa hatten den diluvialen Menschen durch das Auftreten von Skelettresten und von „ältesten Produkten menschlicher Thätigkeit“, also paläolithischen Artefakten aus Stein und Knochen, bestätigt. Nicht zuletzt diese erkenntnistheoretische Nahtstelle des Zusammenhangs zwischen Tier- und Menschenknochen auf der einen, Knochen und Artefakten auf der anderen Seite, schaffte im historischen Denken des späten 19. Jahrhunderts die enge Verbindung der wissenschaftlichen Zweige Paläontologie, physische Anthropologie und Urgeschichte. Und somit schien, wie der britische Gelehrte John Lubbock 1869 festhielt, schon bald „kein Grund vorhanden, warum die Art zu forschen, die sich in der Geologie erfolgreich bewährte, nicht dazu gebraucht werden kann, ein Licht auf die Geschichte der Menschen in der vorhistorischen Zeit zu werfen“.

Das analoge Interesse an verschiedenen Lebewesen und ihren vergangenen Lebensweisen zog einen methodischen Vergleich nach sich, der folgendermaßen ausfiel: Während von der Lebensweise ausgestorbener Tiere nur Knochen und Zähne Zeugnis ablegen, sind vom Menschen neben den Überresten seines Körpers zusätzlich Siedlungsreste, Gräber und Werkzeug überliefert, die frühere Kulturen geschichtlich erhellen können. Knochen und Artefakte erhielten dadurch als geschichtliches Quellenmaterial einen vergleichbaren Status. Lubbock selbst unterteilte bereits 1865 die europäische Steinzeit demzufolge in zwei Phasen, eine paläololithische Periode, „when man shared the possesion of Europe with the Mammoth and other extinct animals“ und eine neolithische, also jungsteinzeitliche Periode. Im Vorwort zur deutschen Ausgabe von Lubbocks Buch „Die vorgeschichtliche Zeit erläutert durch die Ueberreste des Alterthums und die Sitten und Gebräuche der jetzigen Wilden“, weist Rudolf Virchow, Arzt, Politiker und begeisterter Archäologe, der „Prähistorie“ oder auch „prähistorischen Anthropologie“ das Verdienst zu, Paläontologie, Geschichte und archäologische Forschungen „eine wirkliche Vereinigung“ gegeben zu haben, „ein gemeinschaftliches und höheres Ziel und zugleich eine unermessliche Verbreitung“ – die umfassende Untersuchung der gesamten Menschheitsgeschichte. Die Ursprünge der Erde und des Menschen waren zu zentralen Forschungsproblemen der Zeit geworden, die nicht länger vom Rest der Geschichte losgelöst betrachtet werden konnten.

Eine eigentliche Methodisierung in der heimischen Altertumsforschung des Ausgrabungswesens setzte in der ersten Hälfte des 19. Jahrhunderts ein. Das bedeutet nicht, dass sich die Verfahren zu dieser Zeit vereinheitlichen – dazu kam es auch in den darauf folgenden Jahrzehnten nicht. Allerdings erfuhr die Verbreitung von Instruktionen und Grabungsberichten eine so sprunghafte Erweiterung, dass diese jetzt in ganz anderem Ausmaß gehört, diskutiert und umgesetzt wurden. Die Entstehung der Geschichts- und Altertumsvereine ermöglichte für die heimische Forschung gewissermaßen eine „ausgräberöffentliche“ Methodendiskussion, die, einerseits im persönlichen Kontakt, andererseits durch Publikationen in den immer zahlreicher werdenden Vereinsorganen geführt wurde. Eine schnell wachsende Zeitschriftenlandschaft und die damit gegenüber dem 18. Jahrhundert vereinfachten Möglichkeiten, Ausgrabungsberichte zu publizieren, war ein wesentlicher Motor für den erstarkenden Meinungs- und Methodenaustausch. Eine rege Distribution der Zeitschriften sowie von Monographien und Manuskripten zwischen den

Vereinen beförderte diesen Austausch. Dieses Zirkulieren von Publikationen lässt sich problemlos verfolgen, da die Vereinsorgane regelmäßig Übersichten über die empfangenen und gekauften Schriften abdruckten.

Vor allem der akribischen Beobachtung und Erfassung der vor Ort im Boden angetroffenen Situation kam eine große Bedeutung zu. Diese ist nicht zuletzt als Anpassung an die zunehmend empiristische Geisteshaltung im 19. Jahrhundert zu verstehen: Beobachtung und Experiment, Messung und Quantifizierung wurden zu zentralen Geboten in den „exakten“ Naturwissenschaften. Texte mit Regeln für eine Erfolg versprechende Ausgrabungsweise zeigen entsprechend nicht länger nur den Weg zu einer ergiebigen und zerstörungsfreien Entbergung von Artefakten, sondern betonen in zunehmendem Maße die Wichtigkeit genauer Beobachtung während der Arbeit. Die Lage der Funde, die Farbe des Bodens und auch Gegenstände, die früher unbeachtet blieben, alles war jetzt zu untersuchen: „Da die Alterthuemer durch die Laenge der Zeit immer von Staub bedeckt oder halb verborgen gefunden werden, so muß man die groeßte Behutsamkeit anwenden, um die gegenseitige Verbindung zwischen den niedergesetzten Sachen bemerken zu können, was oft wichtiger zu kennen ist, als diese selbst, und um die Spuren derjenigen Sachen verfolgen zu können, welche ganz oder zum Theil verzehrt sind, z. B. hölzerne Schäfte von Spießen, deren Länge so herausgefunden werden kann“, schrieb Thomsen im „Leitfaden zur Nordischen Altertumskunde“. Bei tierischen Resten sei besonders auf die Zähne zu achten, die „zeigen, von welchen Thieren sie sind, welches Alles von Interesse für die Wissenschaft seyn kann“. Der Wert des archäologischen Fundes war nun von der ‚Wissenschaftlichkeit‘ der Datengewinnung abhängig, von der genauen Beobachtung bei der Bergung. Auf der „Verbindung zwischen den niedergesetzten Sachen“, wie Thomsen es nennt, ruhte besonderes Augenmerk. Auch der Mecklenburger Archivar und Altertumsforscher Friedrich Lisch betonte, dass eine „verständig geleitete Aufgrabung“ selbst dann oft zu wichtigeren Aufschlüssen führe, wenn Rost und Nässe die Funde nicht verschont hätten, „als ein glänzender Fund ohne Nachricht von den Umständen, wie er gemacht ward“.

Zahlreich waren in der ersten Hälfte des 19. Jahrhunderts solche programmatischen Hinweise und Ermahnungen. Und durchaus notwendig in einer Zeit, in der Bodendenkmäler nicht durch Gesetze geschützt waren, und sich die Geschichts- und Altertumsvereine keineswegs primär mit archäologischen Quellen befassen konnten. Entsprechend wurden Lösungen gesucht, die unsachgemäße Öffnung von Gräbern zu verhindern. 1836 publizierte der „Verein für meklenburgische Geschichte und Alterthumskunde“ eine Anregung des Museumsdirektors Johann Friedrich Danneil aus Salzwedel, den Austausch zwischen Ausgräbern zu fördern. Nahezu zur gleichen Zeit wie sein Kopenhagener Kollege Thomsen und unabhängig von diesem hatte Danneil das System der drei Perioden für die europäische Vorgeschichte herausgearbeitet. Anders als Thomsen, der durch das Studium bereits vorhandener Grabungs- und Auffindungsberichte zu den entsprechenden Ergebnissen kam, brachten Danneil die Resultate seiner eigenen Ausgrabungen auf die Verbindung von Funden, Grabformen und zeitlicher Einordnung. Entsprechend galt er als versierter Ausgräber, und sein Wunsch, eine Sammelstelle mit großem innerdeutschem Einzugsradius für ausführliche Ausgrabungsberichte zum Zwecke des verbesserten methodischen Austauschs einzurichten, wurde in den Jahrbüchern des Mecklenburger Vereins wörtlich abgedruckt. Die Idee stieß hier auch durchaus auf Befürwortung. Allerdings wurde es als zu aufwendig angesehen, alle Grabungsberichte jeweils unter all jenen zu verbreiten, die sich mit Ausgrabungen beschäftigten – zumal „die Aufgrabungen nicht Hauptzweck historischer Vereine sein können“. Alternativ schlug man den Austausch mit punktuellen Anlaufstellen in anderen Teilen Deutschlands vor, die jeweils selbst für die Verbreitung der eingegangenen Berichte sorgen würden. „Unser Verein“, so versprachen die Mecklenburger, „wird seine Einrichtung so treffen, daß ein Austausch dieser Art bewerkstelligt werden kann, und bietet den Nachbarländern hiemit [sic] die Hand.“ Den „Verein im Vereine“, den Danneil durch den von ihm angeregten Austausch zwischen den Ausgräbern innerhalb der Geschichts- und Altertumsvereine entstehen sah, verwirklichte man in der norddeutschen Heimat Friedrich Lischs durch eine eigene „Deputation“, also eine Abordnung, die sich mit den Ausgrabungsbelangen des Vereins befasste und die Aufgabe hatte, die Ausgrabungen im Einzugsgebiet des Vereins zu überwachen. Trotzdem die Bildung dieser internen Institution offensichtlich keine Nachahmer in anderen deutschen Ländern fand, markierte sie die Anfänge eines wissenschaftlichen Anspruchs im Ausgrabungswesen – was nicht sachgemäß untersucht werden konnte, war historisch und archäologisch verloren.

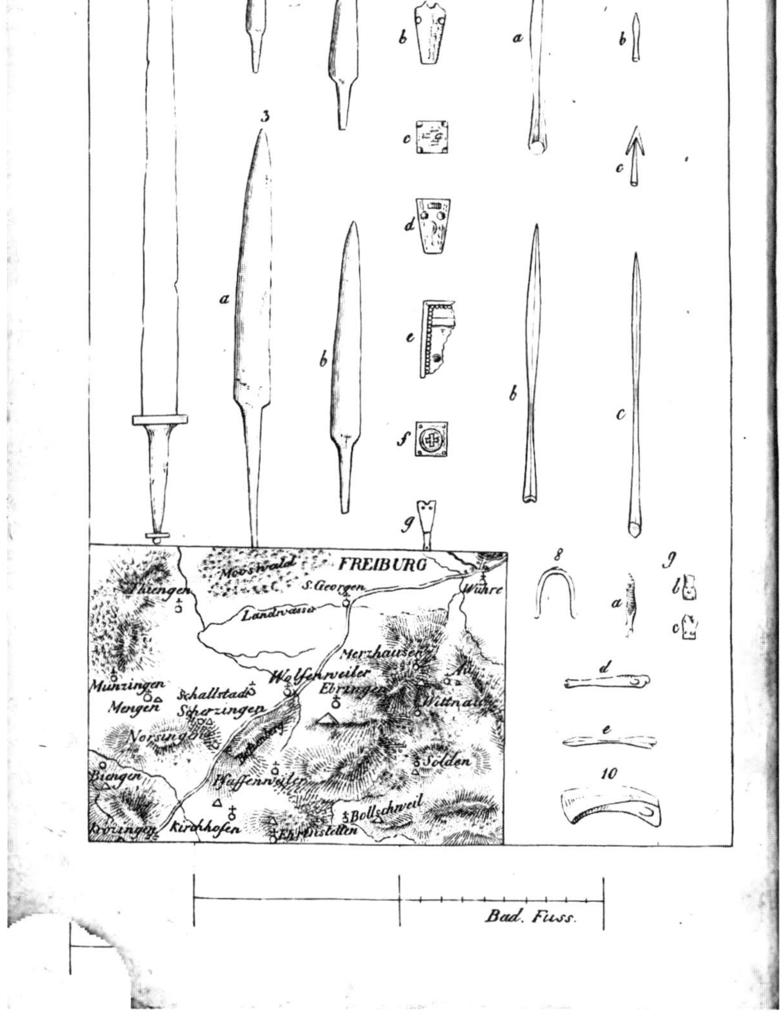

Detaillierte Abbildung von Funden eines Großsteingrabes aus dem Buch „Die neuentdeckten Hünengräber im Breisgau“ von Heinrich Schreiber, Freiburg 1826.

2

„Die hochbetagten moosbedeckten Hügel"
Gräberforschung im 19. Jahrhundert

„Ueber die zweckmäßigste Art, Grabhügel zu untersuchen"

Zu Beginn des 19. Jahrhunderts erlebte Deutschland einen regelrechten ‚Grabungsboom', während welchem hunderte von Tumuli geöffnet wurden. Dabei hatte es die Untersuchung von oberirdisch sichtbaren Grabhügeln in großer Zahl offensichtlich bereits früher gegeben, allerdings nicht aus vergleichbaren Gründen (und nicht mit für die Archäologie vergleichbaren Folgen). Die politischen Umbrüche, territorialen und gesellschaftlichen Neuordnungen nach der Jahrhundertwende verursachten eine grundlegende Verunsicherung der Bevölkerung. Den Deutschen verhieß der Nationalismus in dieser Situation eine neue Identität. So erhielt die Erforschung archäologischer Quellen zusätzliches Gewicht durch ihren potenziellen Wert für die Nationalgeschichte. Dieses wird auch in verschiedensten Erlassen zur Denkmalpflege wie zum Beispiel dem „Großherzogl. Meklenburg-schwerinschen Verordnungen zum Schutz und zur Rettung vaterländischer Alterthümer" aus den 1830er Jahren deutlich. Auch das Regierungspräsidium konnte die Bildung eines Kreisvereins anordnen oder der König selbst einen solchen fördern. Die Ehre einer königlichen „Zufriedenheits-Bezeugung" wurde beispielsweise dem Verein Schwaben und Neuburg im Jahr 1838 zuteil.

Dass man graben solle, „ueberall wo unterrichtete Männer oder die Chroniken wissen wollen, dass einst heidnische Städte, Burgen und Tempel gestanden haben", wie der schwäbische Philologe Friedrich David Gräter 1816 forderte, ließ sich zunächst nicht realisieren. Man untersuchte vor allem Befunde, die überirdisch erkennbar waren, vor allem gut erhaltene Grabhügel. Diese ließen sich in ihrer Funktion eindeutig bestimmen, was für die historische Interpretation ein wesentlicher Vorteil war. Spuren von Mineralbodensiedlungen wusste man noch nicht zu deuten. Das Grab war lange auch als sakraler Befund von größerem Interesse als profane Reste. Neben den politisch-ideologischen Voraussetzungen, die die Suche nach dem heidnischen „Urcharacter“ der eigenen Nation verlangten, begünstigte das zunehmende Verständnis für relativchronologische Zusammenhänge eine immer größere historische Relevanz archäologischer Untersuchungsergebnisse.

Infolge dieser Neubewertung archäologischer Befunde wurde eine reformierte wissenschaftliche Vorgehensweise gefordert. Die Grabung erfolgte „zum Heile für die Sittenkunde des hohen Alterthums“, und der gute Ausgräber war als „wahrhafter Verehrer jeden Zweigs der Geschichte, aufrichtiger Beförderer jeder Bemühung um deren Cultur“ nicht länger ein primitiver Fundemacher, sondern fühlte sich den historischen Anliegen verpflichtet. Die bewusste Abgrenzung von früher durchgeführten Ausgrabungen diente der Veranschaulichung der neuen Wissenschaftlichkeit: „So häufig auch schon in Deutschland alte Grabdenkmale zu Tage gefördert und beschrieben wurden, so hat doch die Geschichte selbst bei weitem noch nicht den Vortheil aus ihnen gezogen, den sie daher zu erwarten, ja zu verlangen berechtigt ist“, beginnt der Theologe und Historiker Heinrich Schreiber seinen Bericht über „Die neuentdeckten Hünengräber im Breisgau“ von 1826. Die Vorgehensweise von Sammlern und Antiquaren habe sich nämlich kaum von jener der Plünderer aus Gewinnsucht unterschieden, denn wie diese gingen sie „nicht selten ohne alle Grundsätze und Ueberlegung an Aufgrabungen. Weit entfernt, an einen historischen Gebrauch zu denken, war man nur darauf bedacht, die Sammlung zu vermehren.“ Und da die Begierde nach Funden zu unstatthafter Eile bei Ausgrabungen geführt habe, seien Berichte häufig erst im Nachhinein aus dem Gedächtnis entstanden und entsprechend verworren oder gar unrichtig. Auch habe man Informationslücken, „die man durch eigene Beachtung zu ergänzen vergessen hatte“, durch Abschrift aus Berichten anderer, ebenso unzuverlässiger Vorgänger, gefüllt. Aus Schreibers anschließender Aufzählung der methodischen Versäumnisse wird deutlich, was er zu untersuchen für erforderlich hält. Dazu gehören unter anderem „die Lage der Denkmäler, ihr Aeusseres, ihr Verhältnis zur Umgebung, ihre Benennung in verschiedenen Zeiten, ihre innere Struktur und die Verhältnisse ihres Inhaltes". Eine genaue technische Instruktion liefert er jedoch nicht. Ganz unverzeihlich scheint ihm, dass man aus Gründen der Pietät in den seltensten Fällen die menschlichen Skelettreste untersuche, die seiner Meinung nach das Bedeutendste sind, was in einem Grab von wissenschaftlichem Interesse ist. Die Scheu verpflichte den wahren Forscher durchaus zum Respekt gegenüber den Toten – „doch nie wird sie ihn bewegen, die noch geheiligteren Zwecke der Wissenschaft aus den Augen zu verlieren".

Die archäologische Quelle war zur wissenschaftlichen Information geworden, deren Erhebung professionalisiert werden sollte. Schreiber thematisierte die Auflösung des Zwiespalts zwischen Geschichtsinteresse und Pietät gegenüber den Toten, der bis ins 18. Jahrhundert manchen Ausgräber von Bestattungen zu wortreichen Rechtfertigungen nötigte. Nicht länger musste man bei jedem Arbeitsschritt den Regeln der Religion Folge leisten, denn die „geheiligteren Zwecke" verfolgte jetzt die Wissenschaft. Die Verwendung des sakralen Adjektivs vermittelt den allgemeinen Aufstieg des ethischen und kulturellen Werts der Wissenschaft über jenen der Religion im 19. Jahrhundert. Der wissenschaftliche Erkenntnisgewinn hatte nun höchste Priorität.

Die zunehmenden Berichte über Funde und Ausgrabungen, die dank zahlreichen, von Geschichts- und Altertumsvereinen herausgegebenen Zeitschriften veröffentlicht werden konnten, sind in ihrem Charakter unterschiedlich. Die meisten Darstellungen beschränken sich auf die Beschreibung der untersuchten Bodendenkmale und der Funde. Unterschiedlich ausführlich wurden darin Informationen zum Denkmal selbst gegeben, wie zu seiner Lage im Gelände oder zu seiner äußeren und inneren Struktur, während man Funden grundsätzlich eine sehr ausführliche Besprechung widmete. Neben diese reinen Berichterstattungen traten Texte, die zusätzlich programmatische Passagen beinhalteten. Wie im Beispiel des zitierten Artikels von Heinrich Schreiber verweisen sie auf den geschichtlichen oder wissenschaftlichen Wert altertumskundlicher Untersuchungen und betonen dabei mit der Ernsthaftigkeit des Anliegens zugleich die Notwendigkeit eines bestimmten, eines professionellen oder ‚richtigen' Vorgehens. Weiterhin gab es erste Texte mit expliziten methodischen Instruktionen. Sie erschienen entweder als eigenständige Abhandlungen oder, wenn auch nur vereinzelt, als Monographien – wie das in der zweiten Hälfte des 19. Jahrhunderts in mehreren Auflagen

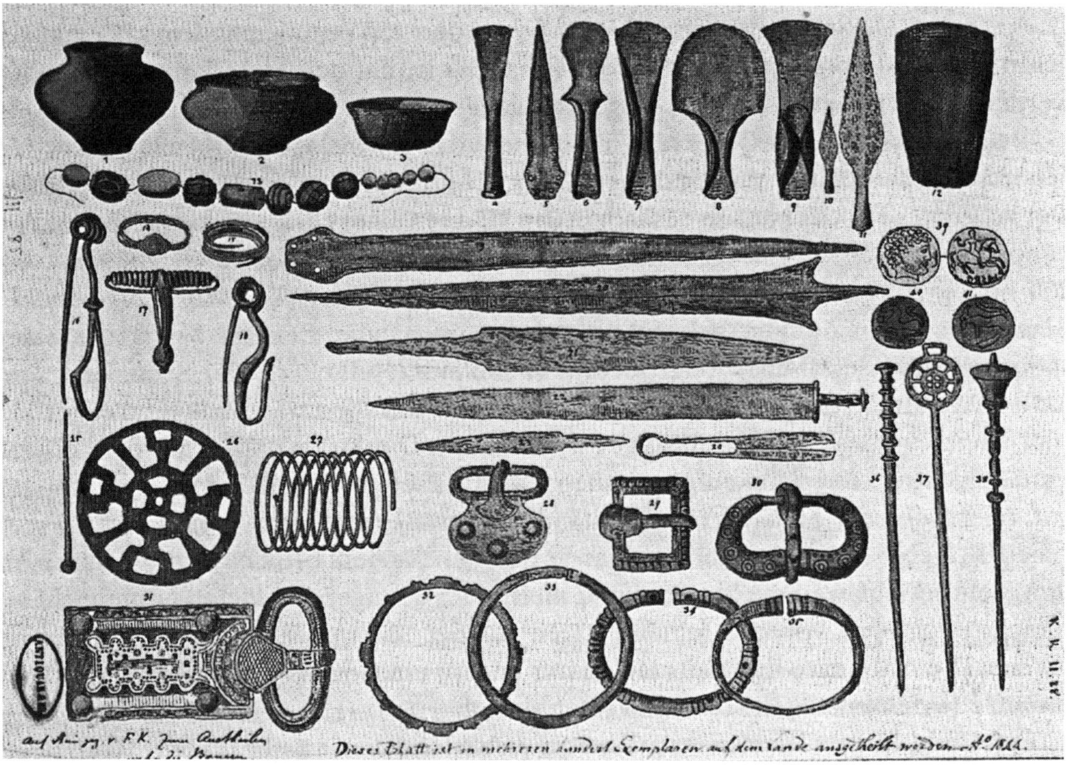

In der Schweiz verteiltes Flugblatt von 1844, das kolorierte Abbildungen typischer Funde nach einem Entwurf des Zürcher Archäologen Ferdinand Keller zeigt.

gedruckte „Merkbuch, Alterthümer aufzugraben und aufzubewahren“ von Albert Voss, dem Direktor der prähistorischen Abteilung des Königlichen Museums für Völkerkunde in Berlin. Man veröffentlichte Anweisungen und technische Darstellungen außerdem im Zusammenhang mit Grabungsberichten. Darüber hinaus erleichterten separat gedruckte Texte und Blätter von instruktivem Charakter die Verbreitung und den unmittelbaren Einsatz bei der archäologischen Arbeit im Feld. Zum Schutz von Altertümern wandte man sich auch an die nicht archäologisch interessierte Bevölkerung, wie ein Beispiel aus der Schweiz zeigt: der Züricher Altertumsforscher Ferdinand Keller ließ außer Fragebögen auch Flugblätter mit farbigen Bildern vor- und frühgeschichtlicher Funde drucken, die „in mehreren hundert Exemplaren auf dem Lande ausgetheilt“ wurden. So erhöhte man die Aufmerksamkeit für archäologische Funde, die bei landwirtschaftlichen Tätigkeiten zufällig entdeckt wurden, auch in analphabetischen Teilen der Bevölkerung.

Es ist nicht zu übersehen, dass viele Instruktionen eher als Mahnungen zur genauen Beobachtung bei der Arbeit abgefasst wurden denn als technische Darstellung der zu unternehmenden Arbeitsschritte. Besonders in der ersten Hälfte des 19. Jahrhunderts scheint es so sehr erforderlich gewesen zu sein, die Umstände zu erklären und blinden Grabungseifer durch den dringenden Rat zu höchster Aufmerksamkeit zu verhindern, dass im eigentlichen Sinn technische Verfahrensdetails nebensächlich wurden. In die Schilderungen dessen, was beobachtet und dokumentiert werden sollte, flossen dabei auch genaue Beschreibungen der während einer Ausgrabung zu erwartenden Strukturen, Phänomene und Funde ein.

Die schriftliche Fixierung diente dazu, durch die Übereinstimmung von Grabungsmethoden den wissenschaftlichen Ertrag zu gewährleisten oder zumindest dafür Sorge zu tragen, dass Ungeübte bei der Arbeit nichts Wesentliches übersahen oder zerstörten. So bestimmte die „Deputation für Aufgrabungen“ des mecklenburgischen Geschichts- und Altertumsvereins 1836, dass „alle vom Verein unternommene Nachgrabungen nach einer gewissen Norm geschehen werden“, da einzelnen und ohne weitere Nachricht überlieferten Funden selten der Wert beizumessen sei, „welchen man regelmäßig geleiteten Aufgrabungen zuschreiben muß“. Zu diesem Zweck entwarf sie eine „Instruction“ und einen bei Ausgrabungen abzuarbeitenden Fragenkatalog. Den empiristischen Erfordernissen der Wissenschaft im 19. Jahrhundert angemessen, flossen in diese Instruktionen „alle Erfahrungen, die bisher auf diesem Gebiete gemacht wurden“ ein. Nach ihrer Veröffentlichung in den „Meklenburgischen Jahrbüchern“ sollten die Richtlinien „für den künftigen Gebrauch“ zusätzlich als Separatdruck erscheinen. Offensichtlich wollte man dadurch die Verbreitung der aufgestellten Regeln begünstigen und ihre Anwendung in der Praxis fördern. Ähnlich wie in Heinrich Schreibers Instruktionen stand auch hier die Forderung nach detaillierten Beobachtungen besonders im Vordergrund. Umfassend werden im Text Beschreibungen gegeben, wie die Fundstellen und Bodendenkmale in der Regel aussehen. Die ausführliche Darstellung von Hügelformen, Umfang und Form verschiedener Arten von Steinsetzungen, zu erwartende Lage der Urnen in den verschiedenen Grabformen und ähnlicher Spezifika, begleitet der fast lakonische Satz: „Auch die Aufdeckung der Gräber wird nach der verschiedenen Art derselben verschieden sein“. Überdies wird dem Umgang mit den Funden große Bedeutung zugemessen, der Behandlung von Urnen ist ebenso ein ausführlicher Abschnitt gewidmet wie den verschiedenen Arten von Kleinfunden. Besonders verdeutlicht der sehr ausführliche Fragenkatalog, dass die „Instruction“ die Feldarchäologen in erster Linie zur genauen Beobachtung und Erfassung dessen anleiten sollte, was sie ausgruben, während dem Ausgrabungsvorgang selbst eher sekundäre Bedeutung zukam. Die 34 Fragen, die teilweise zahlreiche Unterfragen führen, behandeln alle befundspezifischen Details: Altfunde, den eventuellen Name eines Grabes, den Flurnamen, die Namen umliegender Gewässer sowie mögliche zum Ort gehörende Sagen, die Lage des einzelnen Grabs, die Anzahl der Gräber und ihre Lage zueinander, die Beschaffenheit des Bodens, das Material der Grabaufschüttung, den Erhaltungszustand des Denkmals, eventuell bekannte naturräumliche Veränderungen am Denkmal wie Ackerbautätigkeiten oder das Entfernen von Steinen, die Grabform (rund, oval, kegelförmig, platt usw.), Arten der Steinsetzung, die Höhe und die Länge des Denkmals und seine Ausrichtung. Bezüglich des inneren Baus war anzugeben, ob das Grab aus Erde oder aus Feldsteinen sei oder aus Erde mit einzelnen Steingewölben, Steinreihen oder Steinkisten, darüber hinaus die Lage der vorhandenen Urnen in Bezug auf den anstehenden Boden und die Beschaffenheit der Erde im Grab, vor allem ob sie von jener der umgebenden Erde abweiche. Auch wurde nach der mineralogischen Bestimmung verwendeter Steine gefragt und nach eventuellen Bearbeitungsspuren an ihnen. Weiterhin war die Ausrichtung (Himmelsrichtung) der einzelnen Bestattungen und die Lage der Funde anzugeben, letztere auch nach Durchmesser und Höhe des Grabmonuments. Bei Körpergräbern sollte man auf die Totenstellung und auf Auffälligkeiten an Skeletten achten. Einzelne Skeletteile waren wieder genau nach ihrer Lage zu bestimmen, darüber hinaus war anzugeben, an welchem Körperteil welche Art von Funden lagen. In ähnlicher Weise waren Brandgräber zu erforschen, ihre Lage, das Vorhandensein von Holzkohle, bei der möglichst bestimmt werden sollte, welche Holzart vorlag, und so weiter. Ebenso wie die Funde selbst waren auch alle Spuren von Funden zu beschreiben und zu messen, wie Abdrücke, Rost oder Scherben, wobei besonders auf organische Reste, auf Spuren von Holz, Leder und ähnlichem zu achten war.

Auch auf weniger spektakuläre Holzreste achteten die Altertumsforscher schon 100 Jahre bevor 1939 das Bootsgrab aus Sutton Hoo in Ostengland gefunden wurde.

Dieser umfassende Katalog sollte die Aufmerksamkeit der Ausgräber auf alle Aspekte lenken, die der mecklenburgische Altertumsverein für wissenschaftlich relevant hielt. Die genaue Beobachtung und die Erfassung des Beobachteten sind zentrale Themen nahezu aller Mahnungen und Besprechungen, die im Zusammenhang mit archäologischen Untersuchungen im Feld in der ersten Hälfte des 19. Jahrhunderts publiziert wurden. Deutlich setzten auch Lisch und seine Kollegen diesen Schwerpunkt in der „Instruction". Ihre eher sekundär verhandelten, im eigentlichen Sinn ausgrabungstechnischen Hinweise bezogen sich in erster Linie auf die Öffnung von Tumuli.

Zu beginnen sei grundsätzlich mit einem Schnitt durch den Hügel von Ost nach West. Wenn man die Stelle erreiche, „wo die Urnen stehen“, so sei diese mit kleinen Stäben zu markieren und ein Graben darum zu ziehen. Anschließend müsse der Ausgrabungsleiter die Erde behutsam mit den Händen oder mit einem Messer abheben, um die Grabbeigaben vorsichtig zu bergen. Die folgende sukzessive Abtragung des ganzen Hügels wurde zwar einer Teiluntersuchung vorgezogen, aus arbeitsökonomischen Gründen allerdings nur für kleine Hügel empfohlen, bei großen könne man sich mit weiteren Schnitten nach Nord und Süd behelfen.

Die genaue Beobachtung blieb zentrales Thema. Es durfte nichts, und wirkte es auf den ersten Blick noch so unbedeutend, übersehen werden. Die Fundsituation und die Lage der einzelnen Gegenstände war besonders zu beachten, und zwar einerseits in ihrem vertikalen Verhältnis zu einander als auch bezüglich ihrer Position im Grab, respektive am Körper.

Methoden im 19. Jahrhundert

Besonders in den ersten Jahrzehnten des 19. Jahrhunderts waren auf die Technik konzentrierte Methodenabhandlungen selten. Neben programmatischen Aussagen, wie sie bei Schaum oder Schreiber dominierten, forderten Instruktionen für Ausgrabungen in erster Linie auf die dargestellte Weise zu Aufmerksamkeit und penibler Erfassung der Befunde und Funde auf. Eine berühmt gewordene frühe Ausnahme stellt der Bericht über eine Ausgrabung in den Jahren 1827/28 in Sinsheim bei Heidelberg dar, der 1830 veröffentlicht wurde. Zahlreiche „deutsche Todtenhügel“ wurden von den Mitgliedern des dort von einheimischen Bürgern gegründeten Altertumsvereins geöffnet. „Allein wie nun beginnen“ fragten sich die Sinsheimer, denn, so Ausgrabungsleiter Wilhelmi, „solche Ausgrabungen hatte noch kein Mitglied des Vereines unternommen.“ Zuerst drang man mit Hacken von oben keilförmig in den Hügel ein. Ein Verfahren, das jedoch bald in zweifacher Hinsicht Probleme aufwarf: Die Arbeit wurde desto schwieriger, je enger der Keil nach unten wurde. Auch fürchtete man bei jedem Schlag, mit der Hacke etwas Wesentliches zu zerstören. Als sich dann der Fußknochen eines menschlichen Skeletts zeigte, das Skelett selbst aber außerhalb des nun schon tief herunter gegrabenen keilförmigen Einschnitts im Hügel lag, beschloss man endgültig eine Änderung der Strategie: „Wir ließen also jetzt den ganzen Hügel von oben herab abflächen und immer niedrer machen…“ Auf eine Regelmäßigkeit der abgehobenen Schichten (auf die man einige Jahre später Wert zu legen begann) kam es Wilhelmi dabei nicht an, sondern auf eine möglichst arbeitsökonomische Art der Erdbewegung. Wie mächtig die jeweils auf ganzer horizontaler Fläche entfernte Masse war, hatte dementsprechend auch weder ein festes Maß, noch wurde die Höhe des Hügels nach jedem Arbeitsgang gemessen und so etwa die Abtragshöhe im Nachhinein festgehalten. Im Gegensatz zum keilförmigen Einschnitt hielten die Ausgrabenden das sukzessive Freilegen im ganzen Hügeldurchmesser für förderlich für die Arbeit und schonend für die Funde. Bald jedoch offenbarte sich auch bei dieser Methode neue Probleme: „Je breiter aber die sich immer mehr vergrößernde Fläche wurde, desto langsamer ging es: die aufgehackte Erde mußte jetzt mit Schubkarren weggeführt werden“. Um die langwierige Arbeit abzukürzen, wurde die Arbeitsweise erneut geändert, in dem man nun einen kleineren Umkreis um den Hügelmittelpunkt ausgrub. Man nahm sich also beim nächsten Hügel von den ungefähr 18 Metern des Gesamtdurchmessers nur die 12 mittleren vor, tiefte dieses Mittelstück aber weiterhin auf ganzer Fläche in sukzessiven Schritten ab. Auch vom folgenden Tumulus der Gräbergruppe wurde auf diese Weise großzügig ein innerer Kreis abgetragen. Hier fand sich jedoch tagelang kaum etwas Nennenswertes und man wollte den Hügel bereits aufgeben, da besann sich Wilhelmi auf den Rand, auf das ja noch nicht erforschte äußere Drittel. Also wurde nun der äußere, noch stehen gebliebenen Ring des Tumulus bis auf den gewachsenen Boden gegraben und zwar sukzessive in sechs Fuß (ungefähr eineinhalb Meter) breiten Abschnitten. Den Abraum des ersten Abschnitts warf man aus dem Hügel, den des zweiten in die Vertiefung des ersten, die Erde des dritten Segments schaufelte man in das leere zweite und so fort. Gelobt wird dieses Verfahren im Text wieder einerseits für seine Arbeitsökonomie und andererseits für die zerstörungsfreie Fundbergung: „So hatte man nicht mehr nöthig, die Erde mit vielen Unkosten und großem Zeitaufwande weg zu schaffen. Auch war diese Weise für die Entdeckung und Erhaltung der Gegenstände, welche an das Licht traten, weit ersprießlicher“. Der auch als „Segmentenmethode“ bekannt gewordene Vorgang, die Grabhügel in Abschnitten nach und nach ganz abzutragen, wurde somit in erster Linie aus arbeitsökonomischen Gründen präferiert. Auch als er später seine Methode erneut änderte, „nun immer von außen in concentrischen Kreisen dem Mittelpuncte nahend“, konnte Wilhelmi diese „wesentlichen Vortheile“ beibehalten: „daß 1) bey den Kreisen keine Ecken hinderten, wie früher bey den Abschnitten, und die Leute besser beschäftiget werden konnten; daß 2) die Arbeit noch schneller vorwärts schritt und noch mehr die Zeit und die Unkosten gespart wurden; und daß 3) uns durchaus nichts, auch nicht die geringste Kleinigkeit [...] entging, und daß wir dasjenige, was gefunden wurde, immer sehr gut aufnehmen und seine Stelle auf dem Papiere aufzeichnen konnten.“

Selten lässt sich anhand von Ausgrabungsberichten die Modifikation eines Verfahrens so detailliert nachvollziehen wie in den dargestellten Schilderungen von Karl Wilhelmi. Die Untersuchung der badischen Hügel verdeutlicht, dass Methoden nicht ausschließlich aufgrund theoretischer Überlegungen entstehen. Man kann hier regelrecht miterleben, wie sie darüber hinaus angewandt, entworfen oder verändert werden aufgrund pragmatischer Erwägungen, abhängig etwa von der lokalen Arbeitssituation. Möglicherweise wollte Wilhelmi durch die minutiöse Darstellung und vielleicht durch manche Glättung im Text seine Urheberschaft an der gewonnenen Grabungsmethode besonders betonen – zumal er zusätzlich unterstrich, dass keiner der Beteiligten je vorher an einer Ausgrabung teilgenommen habe. Grundsätzlich besteht kein Grund, an der Glaubwürdigkeit seiner Darstellung zu zweifeln, wobei eine Variante dieses Ringgrabensystems bereits im 18. Jahrhundert angewendet wurde.

Wilhelmis gründliche Schilderungen sind ein Beispiel dafür, dass profane Motive für eine Verfahrensänderung in der Frühzeit systematischer Ausgrabung nicht nur problemlos akzeptiert wurden, sondern dass sie neben wissenschaftlichen Argumenten gleichberechtigt Geltung fanden. Zum einen kommt darin das frühe Ringen nach geeigneten Methoden einer noch nicht etablierten Praxis zum Ausdruck. Zum anderen wird durch den methodischen Pragmatismus und die minutiöse Beschreibung auch missglückter Unternehmungen der empirische Charakter dieser neuen Wissenschaft betont. Das entspricht einem allgemeinen Wandel im Impetus wissenschaftlicher Praxis im Verlauf des 19. Jahrhunderts: Vermittelte der Wissenschaftler des 18. Jahrhunderts noch als forschender Genius seine eigenen Erkenntnisse zum Beispiel in der Illustration von idealisierten Prototypen der von ihm untersuchten Objektgattungen, so sollte er nun als Subjekt zurücktreten und die Naturerscheinungen möglichst unverfälscht und getreu ihrer tatsächlichen und damit auch individuellen Erscheinung abbilden. Und wie in diesem Zusammenhang etwa sichtbare Zeichen von Makel an einem Naturobjekt – der Wissenschaftshistoriker Peter Galison nannte sie in einem Vortrag 2005 „sichtbare Zeichen der Unvollkommenheit“ – als Beleg für die gesteigerte Authentizität einer Abbildung gelten konnte, so unterstrich im frühen 19. Jahrhundert die penible Rekonstruktion des Ausgrabungsprozesses gerade in seiner tastenden Fehlerhaftigkeit die Glaubwürdigkeit dieses wissenschaftlichen Vorgangs und die aus ihm resultierenden Ergebnisse. Auf diese Weise fanden regelrechte Geständnisse Eingang in Veröffentlichungen, wie sie selbst in einer vergleichbar ungünstigen Grabungssituation heute nicht mehr denkbar wären. 1826 bekannte der sächsische Archäologe Gustav Seyffarth: „Mehr als zehn der genannten Hügel habe ich in Verbindung mit andern ausgegraben [...]. Die größern blieben verschont, und um mit den kleinern, leichter zu entleerenden schneller fertig zu werden, wurde leider die Unvorsichtigkeit begangen, von oben statt zur Seite anzufangen, gleichsam einen Schacht statt einen Stollen zu treiben, daher sehr viele Gefäße gleich bei ihrer Wiedergeburt durch unsere Schuld umkamen.“ Es gab in den ersten Jahrzehnten des 19. Jahrhunderts keine vergleichbare technische Anleitung, die durch Veröffentlichung ähnlich weite Verbreitung gefunden hätte wie die ‚Ringmethode‘ Wilhelmis. Für diese Verbreitung sorgte der Ausgräber nicht zuletzt selbst, etwa durch Schenkungen der gedruckten Berichte an zahlreiche andere deutsche Vereine, die sich mit Geschichte und Altertum befassten.

Die von Wilhelmi dargestellte Ausgrabungsmethode der von außen nach innen geöffneten Ringgräben fand zahlreiche Nachahmer und setzte sich im deutschen Raum als geeignete Untersuchungsmethode für Grabhügel durch. 1859 empfahl der genannte Karl Reuter unter Berufung auf Wilhelmi, „mit concentrischen kreisrunden Gräben bis zum Mittelpunkt zu dringen“, und zwar besonders bei Urnengräbern. Auch Karl August von Cohausen, seit 1871 Königlicher Konservator für die Provinz Nassau-Homburg in Wiesbaden, verweist in seiner Veröffentlichung über die „Gräber im Kammerforst zwischen Lorch und Rüdesheim“ von 1873 in Bezug auf die Grabungstechnik auf frühere Autoren. „Ueber die zweckmäßigste Art Grabhügel zu untersuchen“ seien schon häufige und gute Vorschriften gegeben worden, womit er unter anderem „an die von Wilhelmi in Sinsheim, von Paulus in Würtemberg und an die von Obermedicinalrath Reuter bei Gelegenheit der Ausgrabung der Gräber bei Rambach“ aufgestellten erinnere. Er erklärt anschließend, diesen Vorschriften nur noch ein Verfahren hinzufügen zu wollen, durch welches die Lage der Fundstücke in Grundriss und Profil leicht und genau festgestellt und aufgezeichnet werden könne. Nachdem er den Hügel von außen in zwei oder drei konzentrischen Ringen weitgehend abgenommen hatte, ließ er die Ringe nicht mehr von oben abtragen, sondern „unterschrammen“ – also die tiefer liegende Erde lockern, da so der Fund „durch die herabgleitenden Erdschollen von selbst von der Seite freigelegt, und durch weiteres Untergraben mittels des Taschenmessers, unbeschädigt weggenommen werden“ könne. Wenn nur noch ein vier bis fünf Meter durchmessender Zylinder stehe, müsse man je nach Befund entscheiden, ob es besser sei, in der angefangenen Weise fortzufahren oder den Zylinder in regelmäßigen Schichten von 30 cm Höhe von oben abzutragen. Auf diese Weise modifizierte Cohausen die Ringgrabenmethode. 1878 veröffentlichte er sie im „Correspondenzblatt des Gesamtvereins deutscher Geschichts- und Altertumsvereine“ als „Instruction für die Leiter und die Arbeiter bei der Untersuchung alter Grabhügel und Furchengräber“. Sie ging in Verbindung mit dem Namen Cohausen in zahlreiche Ausgrabungsberichte ein und erfuhr praxisnahe Modifikationen. Minutiös beschrieb von Cohausen die einzelnen Arbeitsschritte, in denen ein Tumulus archäologisch zu untersuchen sei. Dabei beschränkte er sich auf die technischen Aspekte der wissenschaftlichen Informationsgewinnung und illustrierte sie durch eine technische Zeichnung.

Mahnungen zur Aufmerksamkeit spielten in seinem Text eine untergeordnete Rolle, ebenso Rücksicht auf pragmatische Hindernisse. Er beließ es bei der Äußerung, dass vom Leiter einer Ausgrabung „Aufmerksamkeit und Ausdauer“ zu verlangen sei, darüber hinaus die Fähigkeit zu zeichnen und zu messen und die Bereitschaft, Grabungsergebnisse zu veröffentlichen. Auf eine differenzierte Erklärung dessen, worauf etwa die Aufmerksamkeit zu richten sei, wie sie in den genannten deskriptiven Erläuterungen nachzulesen sind, verzichtete er zugunsten der instruktiven Darlegung seines durchdachten Mess- und Ausgrabungssystems. Auf dem Mittelpunkt des Hügels, per Augenmaß zu bestimmen, sei ein kleiner Pfahl einzuschlagen. Mit Hilfe der Bussole, einer Art Kompass zur Richtungs- und Winkelmessung, werde eine Schnur waagerecht gespannt und an je einem am südlichen und einem am nördlichen Fuß des Hügels eingeschlagenen großen Pfahl befestigt. Desgleichen sollten zwei Pfähle im Osten und Westen aufgestellt werden, die

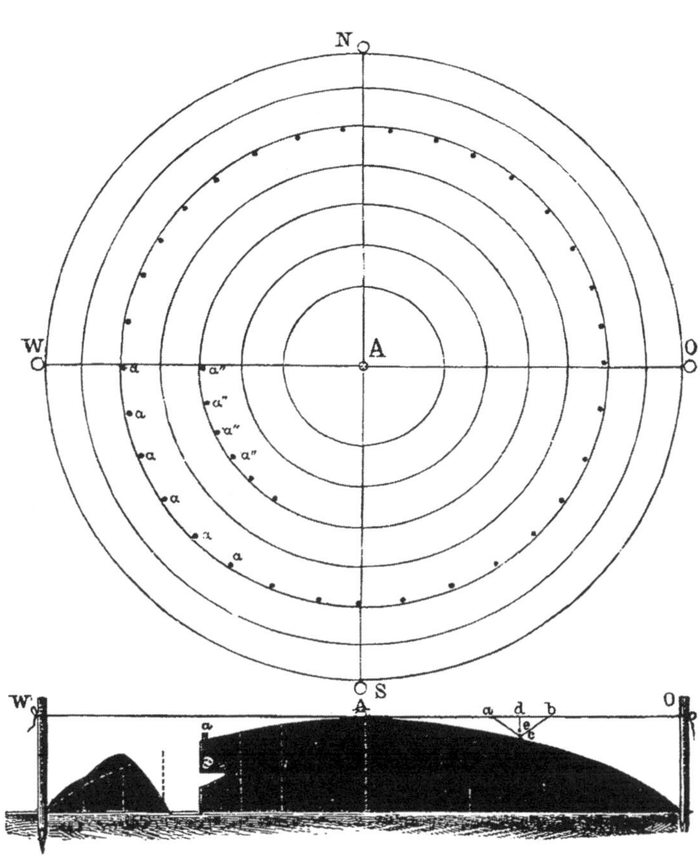

Erläuternde Skizze zur Ausgrabungsmethode mittels konzentrischer Gräben von Karl August von Cohausen in seiner „Instruction für die Leiter und die Arbeiter bei der Untersuchung alter Grabhügel und Furchengräber".

ebenfalls eine Schnur verbinden solle. Die Schnüre mussten nach Cohausen den Hügel am Gipfel berühren und in die Pfähle an den Seiten waren Kerben einzuschneiden auf der Höhe, auf der die Schnüre festzumachen waren. So konnten die Schnüre jederzeit entfernt und anschließend ohne Aufwand wieder waagrecht befestigt werden. Sei das Meßsystem installiert, schrieb Cohausen, könne man mit Hilfe eines am Mittelpfählchen angelegten Maßbands einen Kreis abstecken, der einen Meter vom Außenrand nach innen gemessen betragen solle. Abgesteckt würde der Kreis wiederum mit Pfählchen, die in regelmäßigen Abständen einzuschlagen seien. Anschließend könne man mit dem Abgraben beginnen: „Ausserhalb der im Kreis stehenden Pfählchen a a a werfen die Arbeiter einen 1 m breiten, 5 cm in den gewachsenen Boden einschneidenden Graben aus". Die Erde würde nach außen geworfen.

Danach sei ein weiterer Pfahl-Kreis einen Meter weiter innen (a‘ a‘ a‘) abzustecken, und der nächste Graben müsse ausgehoben und der Abraum zur Peripherie hin geschaufelt werden. Das Personal müsse so symmetrisch verteilt werden, wie es die Hügelstruktur zulasse: Cohausen empfahl exemplarisch, bei einem Hügel von 16 Meter Durchmesser mit acht Männern zu arbeiten und dabei jeweils zwei auf einen Quadranten zu verteilen.

In den letzten beiden Dekaden des 19. Jahrhunderts sprachen sich immer mehr Ausgräber zugunsten einer anderen Strategie der Grabhügelöffnung aus, dem flächigen Abtrag in horizontalen Schichten. Mit der Schichtenmethode zu arbeiten bedeutete, die Erde in horizontalen Lagen abzuheben und zwar entweder von willkürlicher oder spezifischer Dicke beziehungsweise Mächtigkeit, oder aber unter Berücksichtigung ihrer historischen Relevanz (also dem ursprünglichen Aufbau des Hügels soweit wie möglich folgend). Gegen Ende des 19. Jahrhunderts galt die flächige Abtragung als wissenschaftlichstes Verfahren zur Tumulus-Untersuchung. Zu Beginn des 20. Jahrhunderts war sie von den strategischen Verfahren offensichtlich das am häufigsten angewendete. Cohausen regte bereits in Zusammenhang mit ‚seiner‘ Methode an, den inneren Zylinder, der beim Abtrag der konzentrischen Gräben in der Hügelmitte entstand, gegebenenfalls in regelmäßigen Schichten von 30 Zentimeter Mächtigkeit abzubauen. Er argumentierte, dass dieses Verfahren „uns ein deutliches Bild des Grabgrundrisses vor Augen stellen wird“. Der Achtsamkeit und Messbarkeit halber erfolgte die Abtragung hier in systematischen Abhüben. Auch Otto Tischler zog es Ende der achtziger Jahre vor, Tumuli schichtenweise abzugraben, „so dass alle Steinconstructionen klar zu Tage treten und bis zum Schlusse sichtbar bleiben“. Ebenso erklärte der Kunstgeschichtsprofessor Friedrich Klopfleisch, der als Begründer der thüringischen Urgeschichtsforschung gilt, die sukzessive ganzflächige Ausgrabung zum Königsweg der Hügeluntersuchung. Ihm ging es allerdings nicht, wie er 1887 darlegte, um den Aufbau des Einzelgrabs, sondern um die stratigraphische Erkenntnis, also um ein Verständnis der Schichtabfolgen. „Die schichtenweise Abtragung trägt von oben her jede einzelne Erdschicht des Hügels nach einander ab, so dass der Hügel in der umgekehrten Reihenfolge der Erdschichten, wie er einst aufgebaut wurde, wieder abgetragen wird, also zuerst der Humus, dann etwa die die Haupterhöhung des Hügels bildende Lehmschicht, dann eine etwaige Branderdeschicht, dann der unterste Thon-Estrichboden des Hügels, der auf dem natürlichen Erdgrunde aufruht, und zuletzt wird der letztere selbst noch darauf untersucht, ob nicht in ihm noch ein Skelet oder eine Urne oder Opferbeigabe tiefer eingesenkt wurde."

Der Abhub erfolgte nunmehr nach anthropogenen, quasi ‚historischen' Schichten statt nach willkürlichen, da ihm ein verändertes wissenschaftliches Argument zugrunde lag. Ging es Cohausen und Tischler um die Aufsicht auf das einzelne Grab und letztlich um die Grabform, so hatte Klopfleisch das Ziel, die Schichten in ihrer historischen Bedeutung reziprok zu ihrem Aufbau in vergangener Zeit wieder abzubauen und somit den historischen Prozess der Hügelaufschüttung gewissermaßen rückwärts ablaufen zu lassen, und ihn auf diese Weise zu rekonstruieren. Während also die Verfahrensidee dieselbe blieb, änderte sich gewissermaßen das Argument für das spezifische Vorgehen in Abhängigkeit von der jeweiligen Interessenslage. Klopfleisch hatte bereits in den 1870ern die Bedeutung der Keramik für die Relativchronologie betont und ließ auch im zitierten Beitrag keinen Zweifel daran, dass die zunehmende Absicherung einer solchen zeitlichen Gliederung für die einheimische Prähistorie sein vordringlichstes wissenschaftliches Ziel bei der Untersuchung von Grabhügeln war. Seine – rhetorische – Ausgangsfrage betraf denn auch nicht die allgemeinen Strukturen einzelner Gräber, sondern eine sichere Methode, mit der man „auf dem Gebiete der Keramik zu Gruppen, Zeitabtheilungen (Perioden) und zu näheren Zeitbestimmungen gelangen" könne. Dieses Mittel sei die Untersuchung von Fundstellen, antwortete er anschließend selbst, im Besonderen von Grabhügeln, welche mehrere Beisetzungsschichten aus verschiedenen Zeiten enthielten. Anhand eines Schemas erläuterte er die Korrelation von Schichten und Keramik. Sein Augenmerk musste ein Ausgräber nach Klopfleischs Ansicht entsprechend besonders auf die innere Gesamtstruktur der Anlage richten, „damit ihm nicht etwa die Wahrnehmung entgehe, dass einer ursprünglich älteren Grabanlage später eine jüngere Beisetzung aufgepfropft wurde". Klopfleisch argumentierte fast ausschließlich mit stratigraphischen beziehungsweise relativchronologischen Erklärungen und seine größte Sorge war es, dass durch Einsatz einer „falschen Ausgrabemethode" die „Zeitstellungsfrage in Gefahr und Konfusion gerathen" würde.

Als man zu Beginn des 19. Jahrhunderts in erster Linie Funde aufdecken und deren Position innerhalb einer Bestattung begreifen wollte, lag der methodologische Fokus weniger auf speziellen Verfahren als auf der anzuwendenden Sorgfalt oder Vorsicht bei der Aufdeckung. Mehr und mehr ging es in der zweiten Hälfte des 19. Jahrhunderts über die Anordnung der Funde hinaus um den Aufbau des Hügels beziehungsweise der einzelnen Grabformen. Jetzt wurden zunehmend verschiedene Methoden diskutiert, mit denen man etwa die Ansicht solcher Strukturen sichtbar machen wollte. Spätestens ab den 1880er Jahren traten als mögliche primäre Ziele einer Hügeluntersuchung relativchronologische Fragen dazu. Cohausen und Tischler öffneten Hügel ganz oder in Teilen zwar ähnlich wie Klopfleisch in horizontalen Schichten von oben herab. Ihnen ging es aber um den Aufbau der zu entdeckenden Bestattung, weshalb die Art und Dicke der Schichten entweder keine nennenswerte Rolle spielte, oder gleichförmig etwa ein bestimmtes Maß betrug. Klopfleisch hingegen legte in erster Linie Wert auf die chronologische Anordnung innerhalb des gesamten Hügels, weshalb er verlangte, statt die Schichtendicke künstlich zu wählen, die Schichten so zu erkennen und in der Reihenfolge abzutragen, wie sie einst beim Bau des Hügels aufeinander kamen.

Grau ist alle Theorie. Was wirklich geschah

Es ist davon auszugehen, dass Ausgräber, die ihre Ergebnisse publizierten, auch über die Arbeit ihrer Kollegen informiert waren. Innerhalb der regionalen archäologischen Organisationen trat man seit den 1820er Jahren zu regelmäßigen Sitzungen zusammen. Die einzelnen Altertumsvereine waren untereinander assoziiert, der weiträumige Austausch ihrer Zeitschriften war zuverlässig geregelt, wichtige Mitglieder gehörten häufig teils ehrenhalber, teils aktiv, zusätzlich auswärtigen Vereinen an. Auch wurden wesentliche ausländische Werke zeitnah ins Deutsche übertragen, wie der erwähnte „Leitfaden zur Nordischen Altertumskunde“ von Thomsen oder die Bücher seines Nachfolgers Jens Jacob Asmussen Worsaae. Der Informationsfluss innerhalb der prähistorischen ‚Zunft‘ kann mit Beginn der Vereinsgründungen nahezu für das ganze 19. Jahrhundert als äußerst rege gelten. Zahlreiche der untersuchten Texte, in denen sich Ausgräber auf die Erfahrungen und Instruktionen Anderer beziehen, bestätigen dies auch direkt in Bezug auf grabungsmethodische Themen.

Wie gezeigt, wurden die Verfahren in instruierenden Texten mit passenden wissenschaftlichen oder pragmatischen Argumenten untermauert, wur-

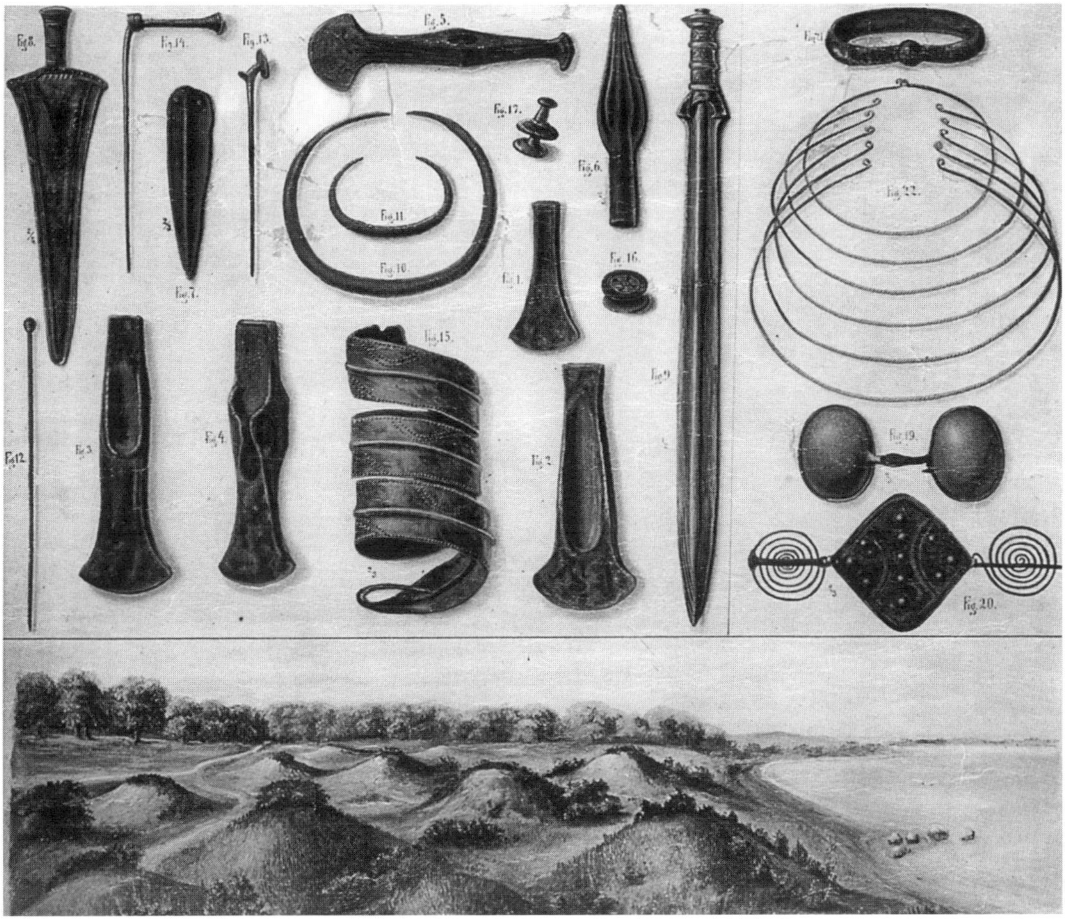

Diese Illustration von 1899 zeigt Hügelgräber und daraus entnommene Funde.

den Begründungen dafür gegeben, warum auf die vorgeschlagene Weise gearbeitet werden sollte. Es liegt nahe, dass die Durchsetzung oder Ablehnung von Methoden nicht zuletzt von einer Übereinstimmung mit diesen Argumenten abhing. Ob und wie Instruktionen und Erfahrungsberichte bei der Ausgrabung berücksichtigt wurden, beziehungsweise welche Umstände dazu führten, dass man sie ignorierte, lässt sich aus hinreichend vielen Quellen des 19. und beginnenden 20. Jahrhunderts ablesen. In welchem genauen Ausmaß die von Vereinen oder Ausgräbern empfohlenen Methoden tatsächlich zur

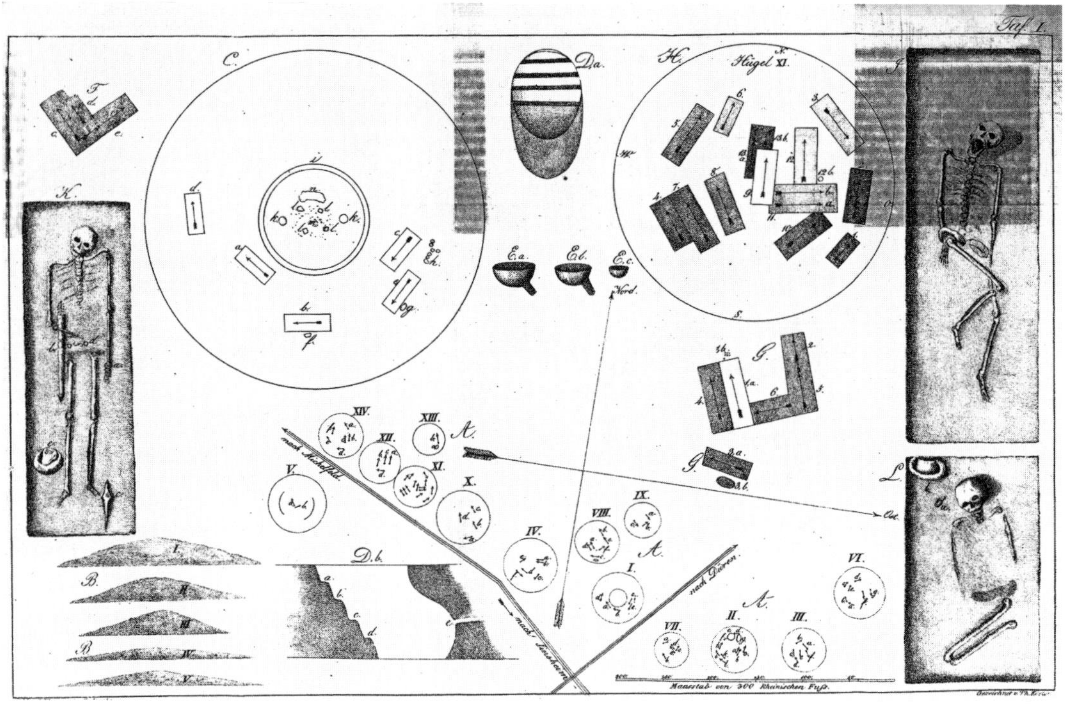

Übersicht über die Ausgrabungen im Sinsheimer Forst nach Karl Wilhelmi, 1830. Mitte unten: die Anordnung der Grabhügel im Gelände. Mitte oben: die Anordnung von Gräbern (dargestellt durch Rechtecke) innerhalb zweier ausgewählter Grabhügel (große Kreise). Am Rand links und rechts: Darstellungen einzelner Gräber bei ihrer Aufdeckung.

Anwendung kamen, ist allerdings kaum noch nachzuvollziehen. Abgesehen von jenen feldarchäologischen Tätigkeiten, die gar nicht schriftlich niedergelegt wurden, erhält man, wie eingangs ausgeführt, auch aus vielen Grabungsberichten keine Informationen zur Vorgehensweise. Seltener als man annehmen könnte erlauben auch graphische Darstellungen gewissermaßen ‚nebenbei' Rückschlüsse auf Strategien und Verfahren bei der Öffnung von Gräbern. Das liegt zum einen daran, dass die graphische Repräsentation von Befunden bis weit in das späte 19. Jahrhundert ohnehin die Ausnahme blieb. Tafeln dienten in der Regel dazu, eine Auswahl der wichtigsten Fundobjekte zu zeigen oder allenfalls die Zusammenhänge innerhalb des Einzelgrabs „in situ“ – also in ihrer ursprünglichen Lage am Fundort – darzustellen. Ganze Grabhügel abzubilden etwa war eher Sache von Landschaftsmalern. Arbeitsprozesse wurden normalerweise nicht graphisch gezeigt.

Auf jenen Ausgrabungen, deren Berichterstattung genauere Hinweise auf die Methoden gaben, wich die Praxis oft auffällig vom eigenen, explizit ausgeführten Ideal ab. Aus seinen späteren Berichten ist zu schließen, dass Wilhelmi das von ihm zur wissenschaftlich ertragreichsten Methode erklärte Verfahren ganz offensichtlich auch im Grabungsalltag grundsätzlich anwendete. Ebenso wurde er der Forderung nach penibler Beobachtung gerecht, wie ausführliche Passagen über Bodenbeschaffenheit oder organische Reste belegen. Andere Instrukteure waren weniger konsequent: Von Cohausen gab in seinem bereits erwähnten Bericht über die Grabhügel im Kammerforst zwar dezidierte Anleitung über die beste Grabungsmethode, vermerkte aber bereits auf der nächsten Seite wie selbstverständlich: „Es wurden im Ganzen 9 Grabhügel untersucht, davon vier nach der eben erwähnten gründlichen Weise, fünf aber nur durch Kreuz-Gräben von 2 bis 4 Meter Breite.“ Immer wieder mussten Grabungsstrategien an die Umstände der Natur oder der Arbeitssituation angepasst werden. Cohausen gab an genannter Stelle keine Erklärung dafür ab, warum er so verfuhr. Zahlreiche andere Ausgräber hielten es hingegen für nötig, sich diesbezüglich zu erklären oder gar zu rechtfertigen. Es zeigt sich, dass Arbeiten aus sehr verschiedenen Gründen auf eine Weise ausgeführt wurden, die meist sogar die Ausgräber selbst als wissenschaftlich ungenügend einstuften. Grundsätzlich zeigt aber auch die Tatsache, dass die Mahnungen der frühen Jahrzehnte sich am Ende des Jahrhunderts immer noch wiederholten, dass weiterhin notorisch auf eine Weise ausgegraben wurde, die eigentlich als unprofessionell galt. Voss erklärte in seinem „Merkbuch, Alterthümer aufzugraben und aufzubewahren“ noch 1888, dass derartige Untersuchungen, um den Anforderungen der Wissenschaft zu genügen, stets höchst genau sein müssten und deshalb unter anderem ein hohes Maß an Beobachtungsgabe erforderten. Auch fühlte sich Voss immerhin über fünfzig Jahre nach den entsprechenden Mahnungen Thomsens in der deutschen Ausgabe des „Leitfaden“ bemüßigt zu betonen, es seien grundsätzlich alle zusammengefundenen sowie die aus einer Fundstelle stammenden Gegenstände zusammenzuhalten und auch „scheinbar geringfügige Dinge“ aufzuheben, „da dieselben für die Forschung oft von großem Werthe sein können“. Als

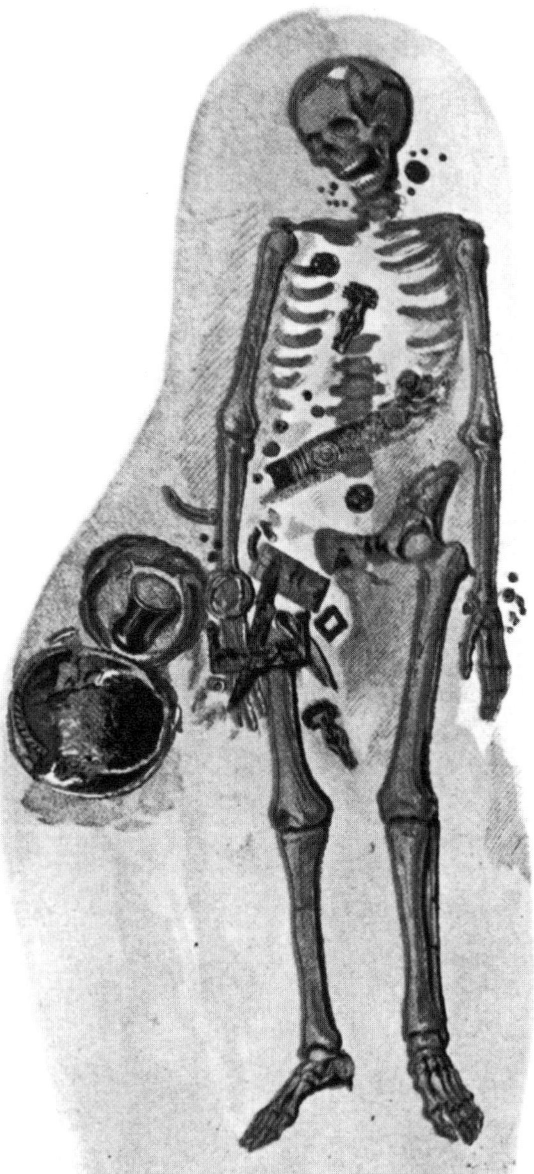

Dokumentation eines Grabes aus dem fränkischen Gräberfeld bei Selzen (heute Rheinland-Pfalz) aus dem Jahr 1848.

wichtige Aufgabe der Wissenschaft bezeichnete es der Ausgräber Joseph Wenzl in einem Bericht von 1906 über seine Untersuchung an Grabhügeln im bayrischen Asenkofen, Ordnung und Übereinstimmung in die Methoden der Ausgrabung zu bringen, wobei er sich allerdings speziell auf die Messmethoden bezog. Allein die methodische Übereinstimmung könne eine Vergleichbarkeit der Resultate gewähren, schrieb Wenzl, und in der Konsequenz damit eine sichere Verwertbarkeit „für den zusammenfassenden Forscher“.

Bemerkenswert ist, dass man seit den 1880er Jahren zunehmend kategorisch von einer Ausgrabung durch Laien abriet und empfahl, dafür einen Sachverständigen zu bestellen. Die Abgrenzung in methodologischen Fragen von ‚Experten‘ und ‚Laien‘ spielte im fortgeschrittenen 19. Jahrhundert in allen Wissenschaften eine Rolle und diente nicht zuletzt legitimatorischen Zwecken beziehungsweise der Selbstpositionierung der einzelnen Wissenschaften. Friedrich Klopfleisch betonte 1883, dass prähistorische Ausgrabungen, aus denen man wissenschaftliche Schlüsse zu ziehen gedenke, nur von „wirklich Sachkundigen“ vorgenommen und geleitet werden sollten, da sich eine versäumte Beobachtung im Anschluss an die Grabung nicht mehr nachholen lasse. Es müsse daher auf dem Gebiete der prähistorischen Ausgrabung immer mehr zum Grundsatz werden: „lieber einige Fundstellen weniger, diese aber gründlich, als viele ungenau untersucht!"

Was die Gründe für die Diskrepanz zwischen Idealvorstellung und Realität des Vorgehens bei der Ausgrabung betrifft, so waren sie häufig praktischer Natur. Baumbestand konnte etwa bei der Anwendung spezifischer Methoden sehr hinderlich sein. Der erwähnte Ausgräber Schalk untersuchte acht Hügel in der Nähe von Rüdesheim und erklärte, die zuerst ausgegrabenen habe man aus Rücksicht auf ihren Bewuchs mittels Kreuzgräben öffnen müssen. Erst nachdem die zuständige Försterei die Abholzung der verbliebenen Hügel erlaubt hatte, konnte Schalk die restlichen Hügel mit der „Ringmethode" bearbeiten lassen, eine nach seinen Worten „wenngleich mehr Zeit und Arbeit erfordernde und daher kostspieligere, aber auch ungleich gründlichere Art" der Hügeluntersuchung. 1875 sah sich Friedrich Klopfleisch mit ähnlichen Problemen bei der Arbeit an einem großen Tumulus im Raum Weimar konfrontiert. Entsprechend notierte er: „Da nur der Aufgang zum Hügel und das Plateau auf der Spitze desselben frei von Bäumen, während der ganze übrige Hügel mit Fichten bestanden war, so konnte nur ein 2,50 Meter breiter Schacht von der Peripherie aus nach der Mitte des Hügels, an 17 Meter lang, getrieben werden."

Interessant ist diese pragmatische Lösung übrigens auch im Zusammenhang damit, dass derselbe Archäologe 12 Jahre später eindringlich forderte, lieber wenige Fundstellen gründlich, als viele nur oberflächlich zu untersuchen. Bei den Ausgrabungen am Schneiderberg bei Baalberge 1901 lag es an einem Vermessungspunkt, der sich am Gipfel des Hügels befand und nicht entfernt werden durfte, dass man statt in Schichten wiederum in Suchschnitten vorging. Arbeitsökonomische Gründe und äußere Zwänge trugen so – ähnlich wie bei Wilhelmis ersten Versuchen – sehr häufig zu grabungstechnischen Entscheidungen bei. Wider besseres Wissen wandten selbst jene Archäologen, die eine bestimmte Methode propagierten, aus profanen Zeit- und Mittelgründen eine andere an.

Andere Gründe für Ausgräber, nicht die als wissenschaftlich produktiv erkannten Methoden einzusetzen, waren primär ökonomischer Natur. Karl Reuter etwa, nachdem er die Bedeutung von Ring- und Schichtenmethode erläutert hatte und das Graben in kreuzförmigen Schnitten deutlich als Verfahren abgelehnt, musste „in Beziehung auf die Art der Ausgrabungen leider gestehen, dass wir wegen Mangel an hinreichenden Mitteln nicht die zweck-

Schnitt durch den „Schneiderberg“ bei Baalberge während der Ausgrabungen 1901. Negativ No. 595/28, Bildarchiv des Landesamts für Denkmalpflege und Archäologie Sachsen-Anhalt, Halle.

mässigste in Ausführung bringen konnten“. Er öffnete daher nur einen einzigen Tumulus mit dem Ringgrabensystem, die anderen untersuchte er mit den von ihm selbst missbilligten kreuzförmigen Gräben. Der schwäbische Geologe und Paläolithiker Oskar Fraas, der 1870 durch Ausgrabungen im – 2009 durch den Fund eines „Venus“-Figürchens berühmt gewordenen – Hohlen Fels bei Schelklingen erstmals die Kultur eiszeitlicher Menschen in einem deutschen Höhlenfund nachgewiesen hatte, bearbeitete knapp zehn Jahre später das Hügelgrab „Kleinaspergle“ nördlich von Stuttgart gar „in regelrechtem Stollenbau“, um übermäßige Kosten bei der Abtragung zu verhindern.

Die Ergebnisse der ersten beiden Ausgrabungen an einem Grabhügel bei Leubingen in Thüringen, die Friedrich Klopfleisch 1877 durchgeführt hatte, wurden 1906 posthum veröffentlicht. Wörtlich abgedruckt findet sich in der Publikation unter anderem Klopfleischs Passage über die von ihm angewandte „Methode der Ausgrabung". Auch hier wurde das Verfahren zunächst bestimmt durch eine Orientierung an den gegebenen Arbeitsressourcen: Die Größe des Hügels, seine Höhe von 8,5 Meter und vor allem der „etwas exzentrische Umfang gegen 145 Meter", bewogen Klopfleisch, „eine vorzugsweise zentrale Ausgrabung vorzunehmen, um nach Maßgabe der vorhandenen Mittel möglichst bald Aufschluß über die innere Einrichtung und Schichtenfolge des Hügels zu erhalten". Nachdem man den Hügelmittelpunkt bestimmt hatte, wollte man daher in einer Ausdehnung von sechs Meter Durchmesser senkrecht in die Tiefe graben, also aus Gründen der Arbeitsökonomie einen Trichter in die Hügelmitte eintiefen. Es zeigte sich hier aber sehr bald „eine ausgedehnte obere Begräbnisschicht" mit Skeletten, die zwei Meter tief war und, wie sich bei eingehender Untersuchung herausstellte, in ihrer horizontalen Ausdehnung 24 Meter maß. Nachdem man diesen oberen Raum nahezu flächig im gesamten Hügeldurchmesser abgetragen und untersucht hatte, konnte man erst „die in Form eines terrassenförmigen Trichters fortschreitende Tiefenausgrabung des Hügels" beginnen. Der Rand des Trichters wurde in einem Durchmesser von neuneinhalb Meter angelegt. Von der Ringmethode übernahm man die Art des Abtrags, indem man die Erde von Terrasse zu Terrasse nach oben schaufelte. Auf der Hügeloberfläche wurde der Abraum aus dem Trichter dann als ringförmiger Damm gesammelt, um später bei der zur Bedingung gemachten Wiederherstellung des Hügels „in bequemer Nähe zur Ausfüllung des geöffneten Kraters zur Hand zu sein". Um auch seitlich Erde und vorkommende Steine wegschaffen zu können, stach man außerdem eine 2,5 Meter breite und 15 Meter lange Gasse vom nördlichen Hügelrand bis zur Hügelmitte durch.

Klopfleischs Vorgehen zeigt wiederum eine Verfahrenswahl, die stark abhängig war von den lokalen Arbeitsbedingungen und den zur Verfügung stehenden Mitteln. Allerdings lässt nichts in seiner Darstellung darauf schließen, dass er unter anderen Umständen einem anderen Vorgehen den Vorzug gegeben hätte. Auch sah er sich nach den ersten Arbeitsschritten gezwungen, seine Strategie aufgrund der unerwarteten Befundsituation zu ändern, und statt sofort in die Tiefe zu graben, die „Begräbnisschicht" großflächig zu

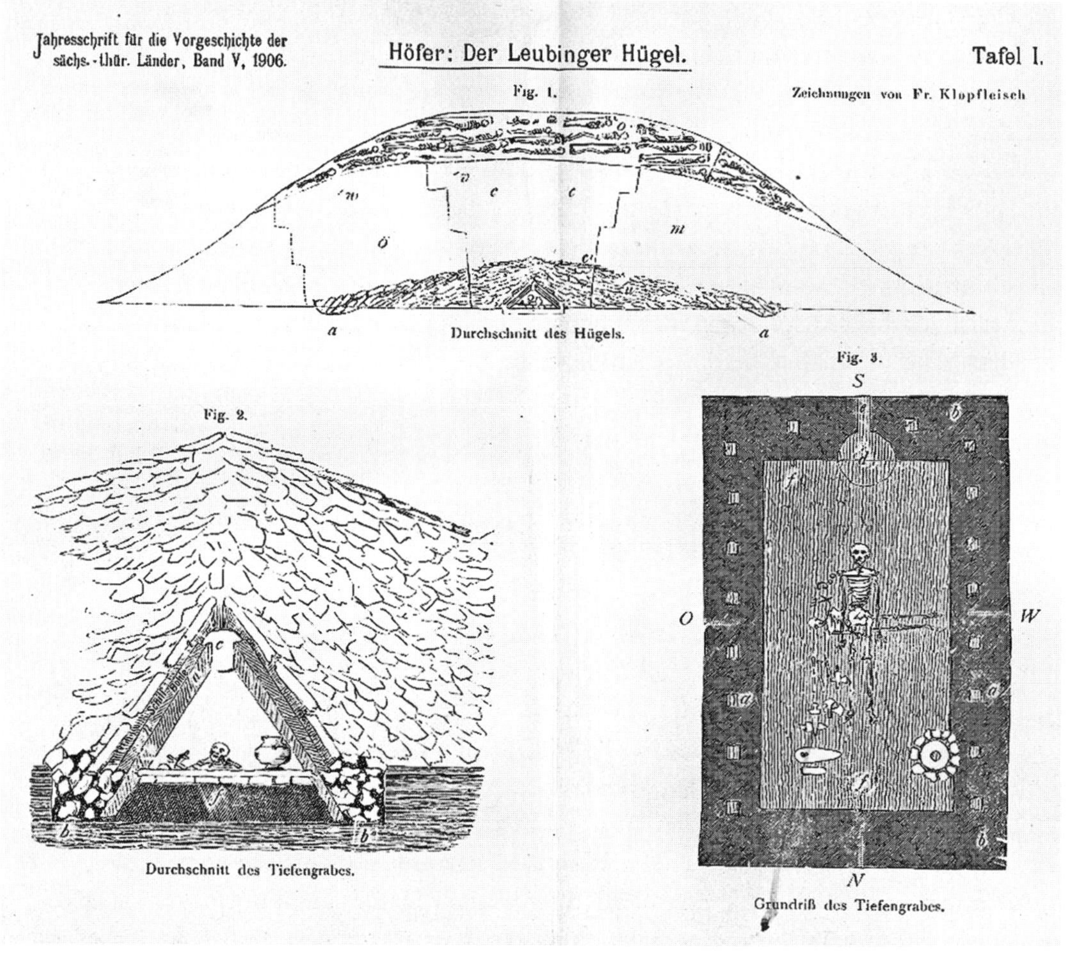

Klopfleischs Dokumentation der Ausgrabungen in Leubingen 1877. Ungewöhnlich ist die von ihm eingezeichnete Markierung der gegrabenen Schächte in Fig. 1.

untersuchen. Die innere Struktur des Hügels wich also von dem ab, was Klopfleisch erwartet hatte, worauf er mit einer veränderten Arbeitsstrategie reagierte oder reagieren musste. Ungewöhnlich ist, dass Klopfleisch in die Zeichnung des Hügeldurchschnitts nicht nur die aufgedeckten Befunde, sondern auch die Lage und Form der eingebrachten Grabungsschächte (auf der abgebildeten Tafel markiert mit cc und ö) einzeichnete. Die zusätzliche graphische Darstellung der vorgenommenen Arbeitsschritte lässt darauf schließen, dass er davon überzeugt war, dass die Kenntnis der Methode für die Leser von Bedeutung sei, um die Zuverlässigkeit seiner Ergebnisse zu überprüfen.

Auch Klopfleisch kondensierte seine Grabungserfahrung später zu einer grundsätzlichen Methodeninstruktion. Darin fand Eingang, was in der Praxis schon Jahrzehnte üblich war: Die schichtenweise Abtragung jeweils des gesamten Hügels betrachtete er zwar als wissenschaftlich ertragreichste Methode. Für den Fall aber, dass die dabei anfallende Erde anschließend nicht liegen bleiben oder ohne Probleme abtransportiert werden könne, man gar den Hügel an der alten Stelle wieder aufbauen müsse, empfahl er die ringförmige Ausgrabung von der Peripherie her, da man so die ausgegrabenen Erdmassen gleich wieder am und im Hügel unterbringen könne. Rein pragmatische Argumente, wie in diesem Fall die Hügelgröße, waren bei der Methodenwahl also nicht nur in konkreten Situationen vor Ort möglich und geduldet, sondern mit der Niederlegung in einer solchen Grabungsanleitung grundsätzlich legitimiert. Dadurch wurden pragmatische und ökonomische Begründungen mit den wissenschaftlich-theoretischen nicht nur als Argument auf eine Stufe gestellt, sie wurden durch diese offizielle Legitimierung gewissermaßen selbst wissenschaftlich: durch ihre Aufnahme in eine methodische Anleitung war die Ausrichtung der Arbeit etwa nach Hügelgröße Bestandteil der wissenschaftlichen Methodik und keine Abweichung von einer ‚eigentlich' gültigen Verfahrensnorm.

Ausgrabungen gestern und heute

Es lassen sich also im 19. Jahrhundert schon früh Versuche aufzeigen, die Methoden der Ausgrabung zu standardisieren. Sie resultierten nicht zuletzt aus einem naturwissenschaftlich basierten Ideal, das eine allgemeine Vorstellung von Wissenschaft und von Wissenschaftlichkeit zu jener Zeit prägte. Der Glaube, dass es möglich sei, die Natur gänzlich rational zu durchdringen und zu verstehen, wenn man Beobachtungen und Messvorgänge nur gründlich genug durchführte, schien sich in der zweiten Hälfte des Jahrhunderts denn auch durch die Erfolge der Naturwissenschaften zu bestätigen. Entsprechend wurde der Methodologie eine große Bedeutung zugemessen, ein Status, der sich auch auf die archäologischen Disziplinen niederschlug. Diese zeichneten sich zwar einerseits durch historische Ziele aus, konnten jedoch andererseits aufgrund ihrer Verfahren Begriffe aus der Welt von Naturwissenschaft und Experiment, wie Methode, Objektivität, Messung und Beobachtung für sich in Anspruch nehmen und in ihre Fachsprache integrieren. Wie dargestellt waren einer methodologischen Standardisierung allerdings verschiedene Arten von Grenzen gesetzt. Einerseits war es den Protagonisten im Feld oft aus ökonomischen oder anderen praktischen Gründen nicht möglich, die teilweise von ihnen selbst gesetzten wissenschaftlichen Standards einzuhalten. Andererseits erwies sich die Widerständigkeit der archäologischen Forschungsobjekte als Hindernis, da diese sich nur schwer nach Befundgattungen vereinheitlichen ließen. Denn ihre Aufdeckung brachte immer wieder ‚Überraschungen‘ mit sich – anders als die Experimentanordnung im Labor wichen Fund- und Befundstrukturen etwa in Grabhügeln individuell voneinander ab, ganz gleich, wie ähnlich diese sich von außen sehen mochten.

Die Untersuchung prähistorischer Grabhügel im 19. Jahrhundert war also zahlreichen Aspekten unterworfen. Ohne Unterschied galten dabei wissenschaftliche, ökonomische und grabungspraktische Argumente als gleichwertig und wurden einzeln oder in unterschiedlicher Kombination als Gründe für die Anwendung spezifischer Methoden aufgeführt. Es ist natürlich nicht außer Acht zu lassen, dass man im 19. Jahrhundert gerade erst begann, die Ausgrabung als Verfahren der jungen Prähistorie und eines sich neu formierenden Archäologieverständnisses zu professionalisieren. Bestimmte Standards und Forderungen existierten dementsprechend noch nicht, in diesen Bereichen gab es im eigentlichen Sinn natürlich auch keine Abweichungen. Zudem schien häufig offenbar nur der minutiöse Bericht auch jener Arbeitsschritte, mit denen man schlechte Erfahrungen gemacht hatte, einen komplexen Fortschritt hin zur Verwissenschaftlichung archäologischer Praxis zu gewähren.

Was an dem damaligen Umgang mit den Verfahren der Ausgrabung irritiert, ist allerdings auch weniger die Tatsache, dass man Zeitgründe oder Erdmengen als Argumente gelten ließ. Man muss sich nur vor Augen führen, dass profane Gründe auch heute noch dazu führen können, dass bestimmte Techniken gewählt oder begonnene Strategien geändert werden. Allerdings werden Abweichungen und auch Fehler, wie man sie im 19. Jahrhundert oft ausführlich dargestellt findet, in modernen wissenschaftlichen Publikationen häufig „eingeebnet", also geglättet oder weggelassen. Das hängt zum einen mit dem fachspezifischen Umstand zusammen, dass bis heute die Schilderung des methodischen Vorgehens auf einer Ausgrabung kein selbstverständlicher Teil der zugehörigen Publikation ist, und eventuelle grabungstechnische Mängel somit in einer Berichterstattung nicht einmal unterschlagen werden müssten. Tatsächlich findet eine kontroverse Diskussion über mögliche oder angemessene und letztlich eingesetzte Methoden nur in seltenen Fällen überhaupt Eingang in den modernen Ausgrabungsbericht, wodurch auch Probleme und Fehler in diesem Bereich erst gar nicht zur Sprache kommen. Zum anderen hat sich der Duktus wissenschaftlicher Berichterstattung grundsätzlich gewandelt: Der teilweise stark persönliche Stil, der bis in das 19. Jahrhundert hinein wissenschaftliche Berichte prägte, veränderte sich immer stärker zugunsten einer größeren Distanz zwischen wissenschaftlichem Inhalt und Autor. Auch die „Sprache" archäologischer Entdeckungen und Ausgrabungen wurde zunehmend unpersönlich und formalisiert und man bemühte sich, das Subjekt der Beschreibung aus dieser selbst herauszulassen. Aus dieser Distanzierung resultierte im 20. Jahrhundert ein mehr und mehr technisierter Schreibstil, der bei Leserinnen und Lesern den Eindruck einer konzentrierten Faktenlastigkeit erweckte. Die Offenheit, teilweise regelrechte Geständnishaftigkeit, mit der im 19. Jahrhundert selbstverschuldete technische Fehler oder die Anwendung wissenschaftlich unergiebiger Ausgrabungsweisen eingeräumt wurden, fand darin keinen Raum mehr. Ohnehin sind moderne wissenschaftliche Berichte nach Ansicht des Wissenschaftstheoretikers David Gooding grundsätzlich eher als „Rekonstruktionen" denn als Darstellungen tatsächlich erfolgter Abläufe zu verstehen. Auch in anderen Disziplinen handelt es sich um die Wiedergabe von Arbeitsprozessen in einer linear geordneten Form. Beschreibungen von naturwissenschaftlichen Experimenten etwa kommt nach Gooding nicht die Aufgabe zu, die konkreten Prozesse in ihrer dynamischen Struktur abzubilden, sondern unvorhergesehene Zwischenfälle und Unordnungen empirischer Arbeit – sofern sie überhaupt geschildert werden – präzise zu platzieren. Diese Art der Ablaufsrekonstruktion sei erforderlich, um einen wissenschaftlichen Bericht so zu ordnen, dass er künftige Aktivitäten sowie die Kommunikation über die Vorgänge und die Neudefinierung von Problemen ermögliche. In einem solchen Zusammenhang könne sich aufgrund neuer Aktivitäten und ihrer Ergebnisse nachträglich auch die Bedeutung vorhergegangener Arbeitsschritte ändern.

Darüber hinaus ist es wie angedeutet durchaus wahrscheinlich, dass auch bei der Offenheit, die im 19. Jahrhundert in Bezug auf methodologische Unzulänglichkeiten und Fehler herrschte, die empiristische Grundhaltung der archäologischen Forscher eine wesentliche Rolle spielte. Dem Berichtsduktus lag damit nicht nur die Unbedarftheit des Neuen zugrunde, sondern auch ein wissenschaftlicher Anspruch, der den Autoren die bedingungslose Darstellung von Erfahrungen und Fakten auferlegte. Das konnte einerseits nur die Darstellung von Fakten bedeuten – es lobte der genannte schwäbische Höhlenexperte Fraas seinen englischen Kollegen Williams Boyd Dawkins im Vorwort zur deutschen Ausgabe von dessen umfassendem Werk über Höhlen und ihre prähistorischen Bewohner: „Wo Andere so gerne von ihrer Phantasie hingerissen werden, verlässt Boyd Dawkins den Boden der Thatsachen nie“. Auch auf klassischem Boden galt es als erstrebenswert, die Leserschaft mit Vermutungen zu verschonen und – wie etwa im Bericht zu den Ausgrabungen der 1880er Jahre auf der Athener Akropolis betont wurde – „soweit als möglich nur die Steine reden zu lassen“. Andererseits mochte es aber auch die Vermittlung aller Fakten bedeuten, ging es doch um die Glaubwürdigkeit dessen, was der Ausgräber zur Darstellung brachte. Wie sehr das der Fall war, betont etwa ein separater Absatz in Klopfleischs Leubingen-Dokumentation, in dem er zahlreiche „Zeugen der Ausgrabung“ namentlich anführte – Ortsansässige, die als Arbeiter an der Ausgrabung teilgenommen hatten, „welche den nachfolgenden Ausgrabebericht bei ihren Lebzeiten jedem Zweifler gegenüber gern bestätigen werden“.

Auch Forderungen wie sie etwa der englische Prähistoriker Pitt Rivers stellte, nämlich nach der Erfassung aller irgendwie zu erfassenden Daten an einem Fundplatz, sind einzureihen in diese Idee einer ‚Erfahrungswissenschaftlichkeit‘. Entsprechend sind Eingeständnisse über die Ausführung wissenschaftlich minderwertiger Verfahren oder gar Beschreibungen grabungstechnischer Mängel teilweise auch als Resonanz auf die Forderung nach sichtbarer Empirie zu werten.

Ebenso haben sich instruktive Texte seit damals sehr verändert. Ein häufig wesentlich persönlicherer Sprachstil und die Übernahme nichtwissenschaftlicher Argumente zur Rechtfertigung bestimmter Vorgehensweisen unterscheiden die frühen Grabungsanleitungen von den heutigen. Dabei ist auffällig, dass sich nur wenige neuere allgemeine Anleitungen zur Untersuchung von Grabhügeln finden. Fast scheint es, als habe die Neigung zu theoretisch-methodischen Festlegungen mit zunehmender praktischer Erfahrung abgenommen, als sei aus dem Scheitern vorangegangener Versuche die Erkenntnis erwachsen, dass jede Grabung ihre eigene adäquate Methode finden müsse. Tatsächlich hat sich im Lauf des 20. Jahrhunderts die Ansicht durchgesetzt, dass eine Grabung vor allem dann gut durchgeführt sei, wenn sie den spezifischen Anforderungen des zu behandelnden Platzes gerecht werde. Die Ausgrabungsstätte gilt als zu individuell, als dass es möglich sei, eindeutige Systematiken für ihre Untersuchung festzulegen. Es ist sicher nicht zuletzt eine so begründete Scheu vor der Fixierung dieser schwer zu vereinheitlichenden Arbeitsprozesse, die Grabungsanleitungen grundsätzlich zu einer raren Literaturgattung werden ließ. Auch dominieren in heute existierenden allgemeinen Grabungshandbüchern Detailfragen zur Organisation, zu Mess- und Dokumentationsverfahren und zur Anwendung stratigraphischer Methoden. Gezielte Hinweise für die Untersuchung einzelner Befundgattungen unterbleiben hingegen häufig aus dem genannten Grund, dass Ausgrabungen zu uneinheitlich verlaufen und sich Fundstellen zu stark unterscheiden. Fast könnte man davon sprechen, dass sich die archäologische Zunft vom naturwissenschaftlichen Ideal des 19. Jahrhunderts je mehr emanzipiert habe, desto mehr sie ihre Forschungsobjekte aus einer individuellen fachspezifischen Perspektive zu betrachten lernte, statt ihre Verfahren durch entlehnte Standardisierung als wissenschaftlich rechtfertigen zu müssen. Speziell in Bezug auf die Untersuchung von Grabhügel im deutschen Raum mag eine weitere Ursache für den Mangel an instruierenden Texten übrigens sein, dass deren Untersuchung nur sehr eingeschränkt erlaubt und auch gar nicht mehr in größerem Umfang möglich ist. Bereits im 19. Jahrhundert waren die wenigsten Hügel nicht beraubt vorgefunden worden und die meisten dieser wenigen ungestörten Gräber wurden sodann im Zuge des Entdeckerfiebers jener Dekaden geöffnet. Heute stehen der Forschung nur noch wenige prähistorische Grabhügel überhaupt zur Verfügung.

Eine der wenigen neueren Instruktionen zur Untersuchung von Hügelgräbern im deutschen Raum beinhaltet Egon Gersbachs „Ausgrabung heute" von 1989. Gersbach empfiehlt grundsätzlich eine Öffnung von Grabhügeln in Quadranten, um die Anlage von Profilstegen zu begünstigen. Auch streifenförmig könne man einen Hügel untersuchen, ein Prinzip, das sich bei großen und hohen Grabhügeln mit einer größeren Zahl von Nachbestattungen bewährt habe, aber ebenso gut auf kleinere Grabhügel anwendbar sei. Der

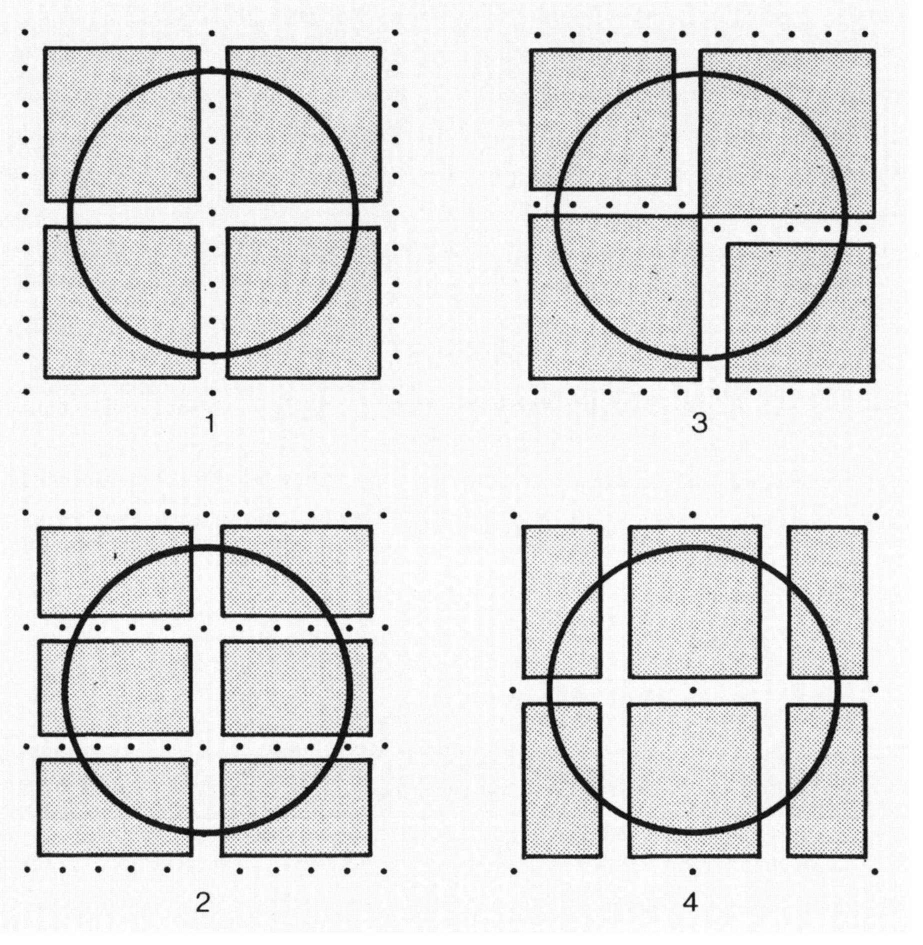

Schematische Darstellung der Untersuchung von Grabhügeln nach Egon Gersbach, 1989.

1.3: in Quadranten mit durchlaufendem bzw. versetztem Profilkreuz,
2.4: im „Streifenverfahren“ mit durchlaufenden Profilstegen.

Vorteil dieses Streifenverfahrens liege in der größeren Anzahl der Profile, die es ermöglichten, den Aufschüttungsvorgang und die Abfolge der Nachbestattungen verlässlich zu rekonstruieren. Sehr hohe Grabhügel sollten nach Gersbachs Ansicht in Schichten abgetragen werden, wenn begründete Hoffnung bestünde, noch alte Hügeloberflächen anzutreffen. Dies sei deshalb so wichtig, weil nur bei schichtenmäßigem Abtrag die jeweilige Hügeloberfläche zu ermitteln sei, von welcher aus Nachbestattungen erfolgt seien. Gersbach fordert, alle Hügelgräber umfassend auszugraben. Eine Teiluntersuchung komme nur dann in Betracht, wenn mit ausreichender Sicherheit feststehe, daß der Hügel nur eine einzige Bestattung oder eine oder mehrere megalithische Grabkammern überwölbe. Wesentlich, auch für weitere Aspekte von Gersbachs Instruktion, ist im hier zu erörternden Zusammenhang die Tatsache, dass er ausschließlich mit wissenschaftlichen Begründungen argumentiert: Quadranten- und Streifenmethode begünstigen die Anlage der Profile, deren Beschaffenheit Auskunft über die Entstehung des Hügels und die relativchronologische Abfolge der Bestattungen zu geben vermögen. Der flächige Schichtabtrag erlaubt es, Schichtgrenzen alter Oberflächen zu erkennen. Und das schon im 19. Jahrhundert wiederholt aufgestellte Gebot, jeden Hügel grundsätzlich ganz abzutragen, erfährt auch bei Gersbach eine Lockerung – jedoch nur unter der Bedingung, dass zuvor unumstößlich sicher ist, dass die ausgegrabene Stelle auch tatsächlich den einzigen Grabbefund des Hügels enthält. Im Gegensatz zu seinen Kollegen, die hundert Jahre zuvor alle möglichen praktischen Hindernisse als hinlängliche Begründung ansahen, nur Teile eines Hügels zu untersuchen, geht es Gersbach nicht darum, wie eine solche „Nachlässigkeit" begründet ist. Hingegen will er verhindern, dass es eine Nachlässigkeit wird, indem er Bedingungen festlegt, die den wissenschaftlichen Standard aufrechterhalten. Diese Ausführungen vom Ende des 20. Jahrhunderts scheinen damit wissenschaftliche Argumente als einzig gültige anzuerkennen – pragmatische oder ökonomische Hindernisse finden keinen Eingang in die Anleitung. Allerdings zeigt zum Beispiel die beschriebene Darstellung einer möglichen Teiluntersuchung, dass solche Aspekte implizit vertreten sind, ohne jedoch genannt zu werden.

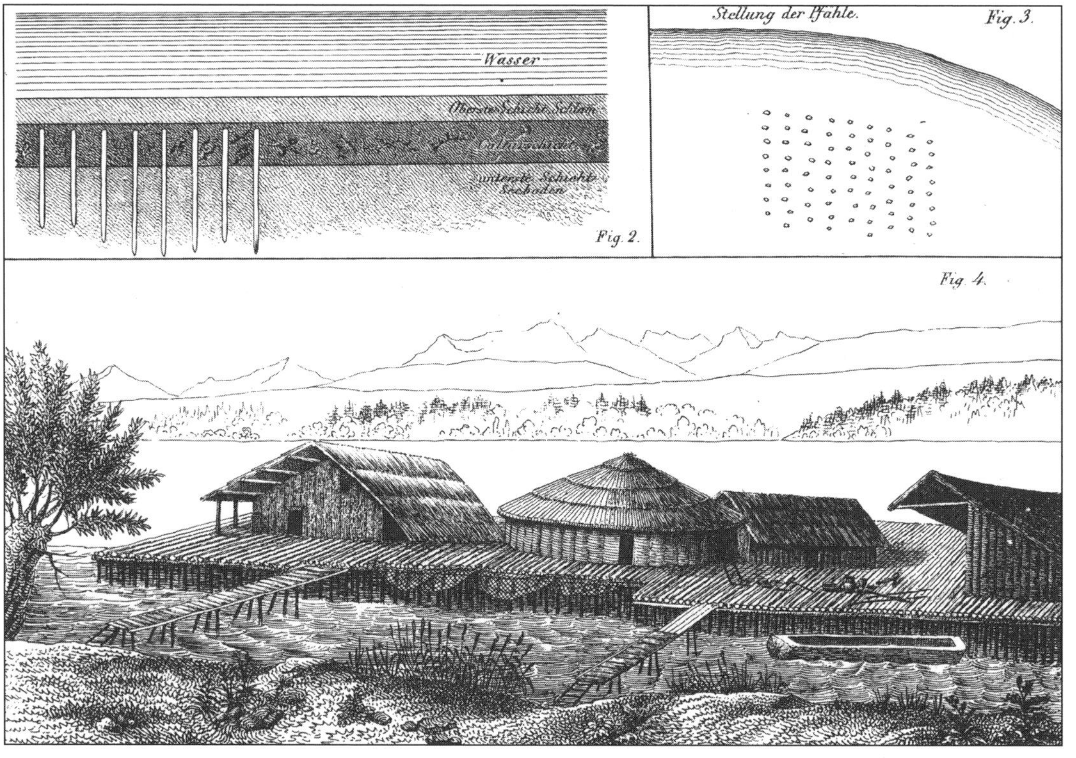

Die Seeufersiedlung in Obermeilen am Zürichsee im Bericht von Ferdinand Keller, 1856. Fig. 2: Darstellung der erfassten Schichten im Profil. Fig. 3: Aufgrund der Angaben der Arbeiter ermittelte Struktur der Pfahlsetzungen, von oben gesehen. Fig. 4: Rekonstruktion des ‚Pfahlbaudorfes'.

3

„Die Spuren wirklicher alter Ansiedlungen"

Steinzeitmüll schreibt Siedlingsgeschichte

Über Jahrzehnte lag der Schwerpunkt prähistorischer Ausgrabungstätigkeit auf Grabstätten. Zum einen wurden sie wie dargestellt einfacher erkannt und bargen Objekte, die sowohl attraktiv waren als auch oft gut genug erhalten, um im Vergleich mit ähnlichen Funden von anderen Orten erste prähistorische Verbindungen deutlich zu machen. Zum anderen trug vermutlich ein ideologischer Faktor zusätzlich zu einer gewissen Gleichgültigkeit gegenüber (profanen) Siedlungsresten bei, es lag nämlich ein deutlicher Interessensschwerpunkt aller archäologischen Forschung bis in das 20. Jahrhundert hinein auf dem Sakralen. Als „eine Kinderkrankheit der Archäologie aller Länder" bezeichnete es der pensionierte Direktor der Vorgeschichtlichen Abteilung des Berliner Völkerkundemuseums Carl Schuchhardt 1928, „zu glauben, daß die früheren Menschen im wesentlichen gebetet und geopfert hätten". So sei in Deutschland im 19. Jahrhundert jede Felsritze als ein heiliges Zeichen und jede Holzkohlenspur als Rest eines Opferfeuers angesehen worden. In Troia hätten Schliemann und Dörpfeld 1882 die Paläste zuerst für Tempel gehalten, und noch Puchstein habe um 1900 alle größeren Gebäude in Bogasköi für Tempel erklärt, während sie ohne Frage Paläste seien, führte Schuchardt seine Kritik aus.

In den Abgrenzungsbestrebungen der Moderne betonen Gegensatzpaare wie Tradition und Moderne oder Glaube und Vernunft die polarisierte Weltsicht des 19. Jahrhunderts. Wissenschaft manifestierte die Idee von Vernunft als Zeichen der Emanzipation und verdrängte in der neuen Zeit des Wandels immer stärker Religion und Glaube als Werte. Was mit letzteren in unmittelbarem Zusammenhang stand, galt so als veraltet und gehörte dem Spektrum der Tradition an. Deren Untersuchung lohnte sich aus verschiedenen Gründen. Erstens waren die bereits besprochenen historisch-politischen Implikationen bezüglich der eigenen Herkunft damit verbunden. Zweitens nahmen die Inhalte des Althergebrachten in der herrschenden Vorstellung von Entwicklung (beziehungsweise Höherentwicklung) einen festen Platz ein. Und drittens erhöhte die Abgrenzung den Sensationswert des religiösen Inhalts. Die Erforschung der Menschen in „tieferer“ Zeit durch die Altertumskunde und im „weiteren“ Raum durch die Ethnologie war geprägt von der Neugier auf das Fremde, und ihren religiösen Bräuchen haftete in der vernunftbetonten Welt des 19. Jahrhunderts um so stärker der Reiz des Anderen an.

In Deutschland klagte noch 1912 der spätere Direktor des Märkischen Museums, Albert Kiekebusch, darüber, dass man es damit hatte bewenden lassen, die Lage zahlreicher „Ansiedelungsplätze“ zu kennen, anstatt ihren Charakter zu erforschen. Kiekebusch führte diesen Umstand zurück auf das bei einer Siedlungsgrabung zu erwartende ungleichgewichtige Verhältnis von Aufwand und spektakulären Funden, in dem er betonte, „daß zwar eine große Fülle wissenschaftlich bedeutender Beobachtungen zu machen ist, daß aber nur in seltenen Fällen mit Paradefunden gerechnet werden kann“. Nicht zuletzt aus diesem Grund waren die Pfahlbauten der schweizerischen Seen und des Bodensees bis in das 20. Jahrhundert hinein die einzigen intensiv untersuchten prähistorischen Siedlungen im deutschsprachigen Raum: Erste umfangreiche siedlungsgeschichtliche Untersuchungen fanden somit ebenfalls dort statt, wo Artefakte zahlreich angetroffen wurden.

Nachdem man 1854 Pfahlbaurelikte im Zürichsee erstmalig sicher als Überreste vorgeschichtlicher Wohnstätten identifiziert hatte, folgte eine Welle von Entdeckungen solcher Seeuferfundstätten in der ganzen Alpenregion. Ihr großzügiges Spektrum an Nahrungsabfällen, Textilien und anderen organischen Rückständen aus prähistorischer Zeit wurde in den folgenden Jahren Gegenstand intensiver Ausgrabung und Analyse. Man kannte die Relikte an den Seeufern bereits früher. Auch zu anderen Zeiten waren sie bei niedrigem Wasserstand oder bei Meliorationsarbeiten zufällig zutage gekommen. Stein- und Metallartfakte oder erhaltene keramische Gefäße waren lange schon gesammelt und aufbewahrt worden, der fruchtbare Seeboden zum Düngen genutzt, wobei Scherben und Knochen mit auf die Felder verteilt wurden. Verschiedene Umstände mussten zusammenkommen,

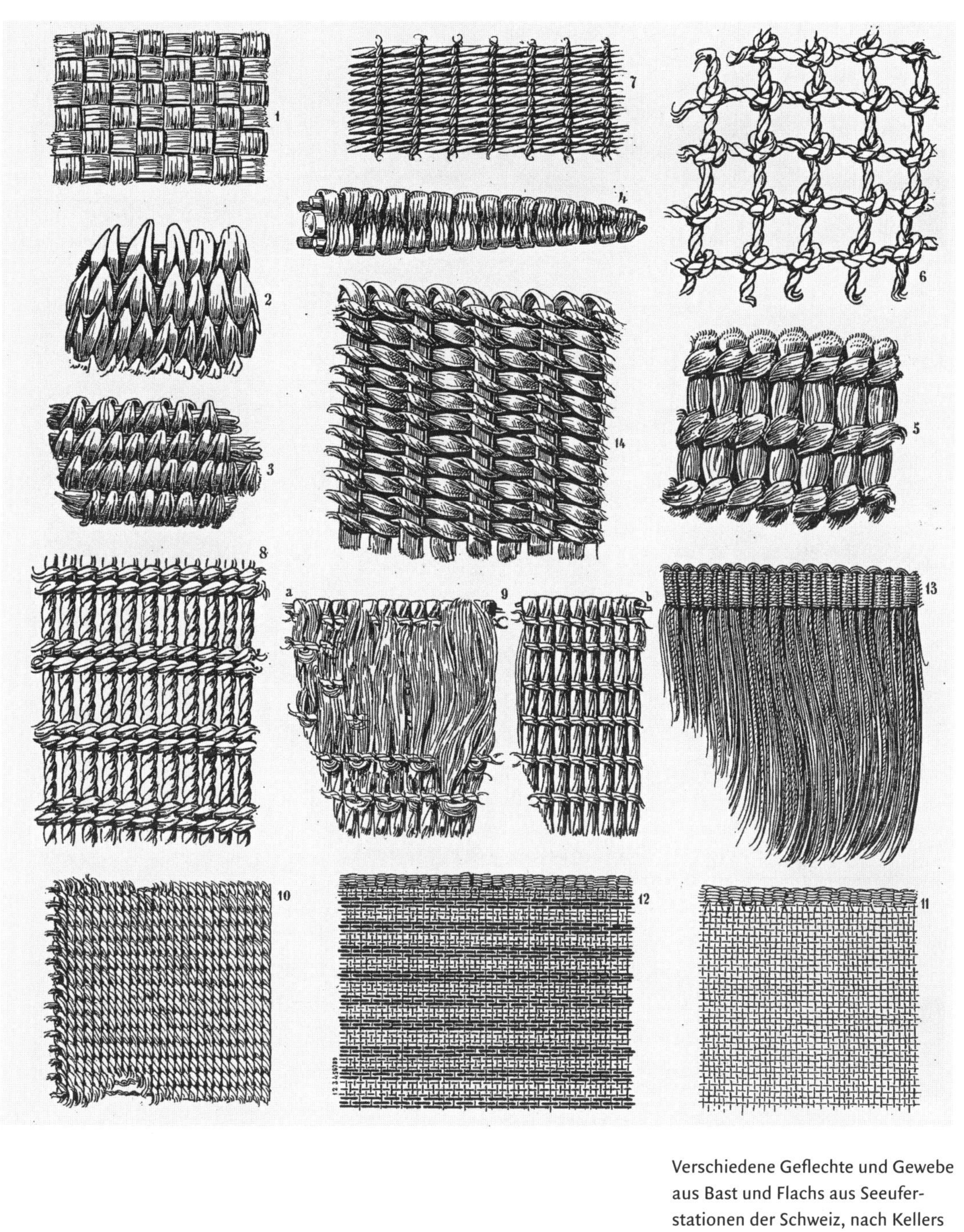

Verschiedene Geflechte und Gewebe aus Bast und Flachs aus Seeuferstationen der Schweiz, nach Kellers Bericht von 1861–1863.

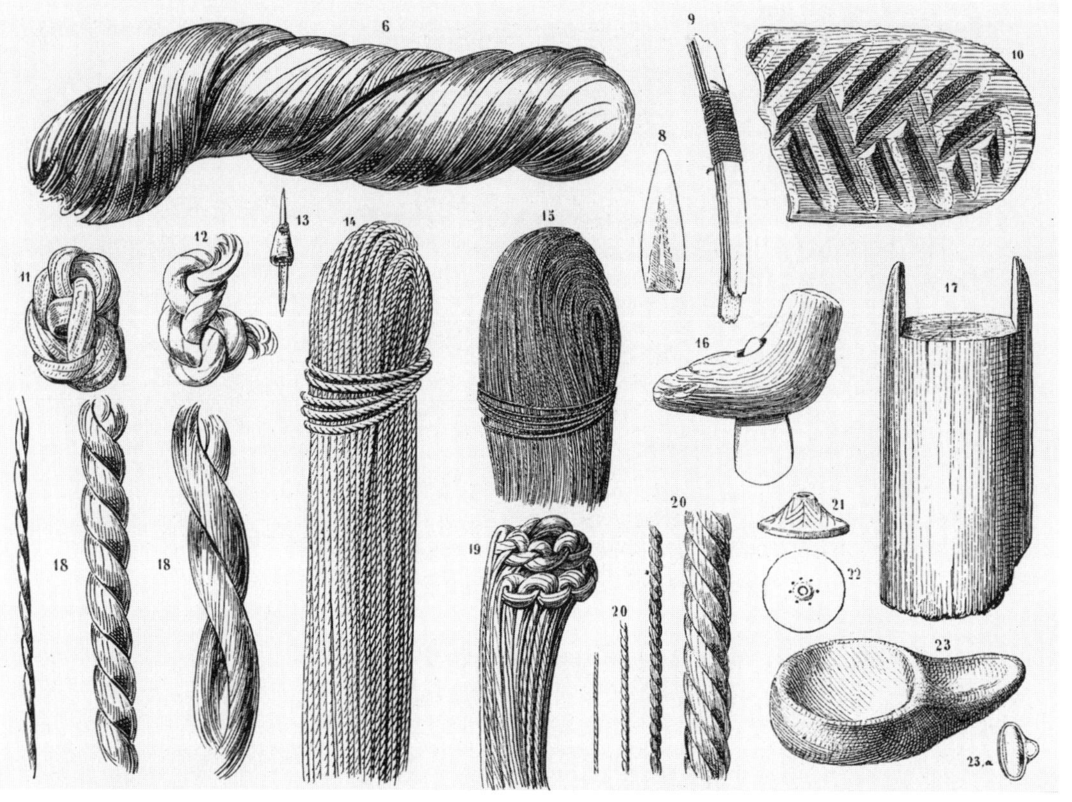

Artefakte aus organischem Material, die Mitte des 19. Jahrhunderts in der Seeufersiedlung Robenhausen im Kanton Zürich gefunden wurden: Fäden, Schnüre und Seile (6, 11, 12, 14, 15, 18, 19, 20) und Artefakte aus Holz (10, 17, 16) und Knochen (8, 9, 13). Auch Funde aus Ton (21, 23) und Metall (22 und 23.a) wurden hier gemacht.

damit die Funde und Befunde tatsächlich als Reste früherer Siedlungen erkannt werden konnten.

Durch den veränderten Fokus auf das Objekt als unabhängige Informationsquelle von geschichtlicher Aussagekraft rückte neben seine chronologische um die Mitte des 19. Jahrhunderts seine funktionale Bedeutung in den Vordergrund. Durchaus hatte man auch früher nach der jeweiligen Bedeutung der aufgedeckten Altertümer gefragt. Allerdings wurden erst auf der Grundlage des genannten Perspektivenwechsels auch in größerem Ausmaß

Relikte bedeutend, denen die Aura des attraktiven Altertums-Objekts weitgehend fehlte. Die veränderten Bewertungskriterien verhalfen bis dahin als wertlos betrachteten Speiseabfällen zu einer Aufwertung, da durch ihre Analyse geschichtliche Aussagen erzielt werden konnten. Dass der selektive Blick auf die Objekte zum historiographischen Blick geworden war, dass Hölzern, Tierwirbeln und Schnurresten der gleiche Quellenstatus wie Steinbeil und Schwert zugemessen wurde, machte die Beobachtung, dass hier Überreste menschlicher Siedlungstätigkeit zusammen lagen, gewissermaßen überhaupt erst denkbar. Damit geriet eine bislang als wertlos angesehene Objektgattung ins Blickfeld der Aufmerksamkeit. „Küchenabfall" – so benannt in Anlehnung an die ‚Kjökkenmöddinger', ebenfalls im 19. Jahrhundert entdeckte Muschelhaufen der Steinzeit in Skandinavien – aus Arealen mit entsprechenden Erhaltungsbedingungen, wurde deutschlandweit zum relevanten Forschungsgegenstand. „Ein Feld von unerwarteter Ergiebigkeit" sei für die Prähistorie aufgedeckt worden in den Abfällen früherer Kulturstätten, jubelte 1860 der Schweizer Zoologe Karl Ludwig Rütimeyer. Die Untersuchung des „Küchenmoders" solcher alten Völker, also „der Abfälle ihrer Mahlzeiten", habe in skandinavischen Ländern seit längerer Zeit schon zu den wichtigsten Resultaten über den „Culturzustand [...] der früher dort angesiedelten Menschenstämme" geführt sowie zu Erkenntnissen über ihre „thierischen und pflanzlichen Zeitgenossen". Bezog man die ungewohnten Erkenntnismöglichkeiten anfangs nur auf die skandinavischen Kjökkenmöddinger und auf die Seeufersiedlungen der Schweiz, so fand das neue Feld der Untersuchung doch relativ rasch und nahtlos Eingang in den allgemeinen Kanon der Siedlungsarchäologie. In seinem bereits erwähnten Ausgrabungshandbuch erklärte der Arzt und Prähistoriker Albert Voss 1888: „Offene Wohnplätze sind kenntlich durch meist zerbrochene und als unbrauchbar fortgeworfene Geräthe und Wirthschaftsabfälle (dänisch: ‚Kjökkenmöddinger'), bestehend in zerschlagenen Thierknochen, Muschelschalen usw."

Derart hohen historischen Erkenntniswert sprach man dem „Zivilisationsmüll" zu, dass man bald auch für nur unwesentlich zurückliegende Jahrzehnte davon zu profitieren suchte. Er galt also auch für Zeiten interessant, aus denen ausreichend schriftliche Quellen überliefert waren, deren Historiographie nicht auf Relikte angewiesen zu sein schien. So veröffentlichte Rudolf Virchow 1872 sogar Abhandlungen über Berliner „Küchenabfälle", die aus dem 18. Jahrhundert stammten.

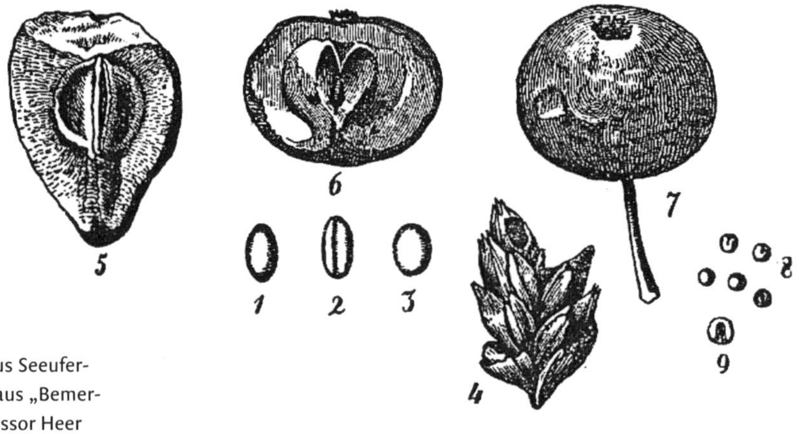

Getreide und Früchte aus Seeuferstationen der Schweiz, aus „Bemerkungen des Herrn Professor Heer über die Landwirthschaft der Ureinwohner unseres Landes" von 1860.

Den Begründer der Pfahlbauforschung in Zürich, Ferdinand Keller, hatte nach eigener Aussage bereits seit Jahren die Frage nach den Wohnstätten zu den auch in der Schweiz damals zahlreich untersuchten prähistorischen Gräbern beschäftigt. Es überrascht daher wenig, dass er schließlich nicht nur die Natur der aquatischen Artefakte identifizierte, sondern vor allem deren Bedeutung der Forschung und der Öffentlichkeit gleichermaßen erschloss. Darüber hinaus stellte Keller früh Überlegungen und Beobachtungen zu Siedlungsrückständen im Mineralboden an, obwohl im „trockenen" Milieu wenig besondere Funde zu machen waren, die eine differenzierte Untersuchung erlaubt hätten. In Deutschland blieb das Interesse an den „Spuren wirklicher alter Ansiedlungen" – wie Rudolf Virchow Wohnplatzreste zu nennen pflegte – so auch eher die Ausnahme der altertumskundlichen Praxis. Entsprechend beschränkten sich Hinweise zu ihrer Untersuchung noch in den 1880er Jahren auf die Erkennung von einschlägigen Stellen und auf die Form von im Areal anzulegenden Schnitten.

Die Entdeckungen der prähistorischen Seeuferstationen galten europaweit als Sensation. Die Veröffentlichungen von Ferdinand Keller machten neue Entdeckungen publik und in populärwissenschaftlichen Abhandlungen der 1860er Jahre wurde die Besonderheit der organischen Erhaltung von Funden wie „Brodkuchen" und „Zipfelkappe" als das betont, was den Pfahlbauten „die Krone aufsetzt". Ferner lockte die zunehmende Vermarktung nichtorganischer Pfahlbaufunde wie bronzener Armringe, Nadeln oder Messer auch im Ausland viele mehr oder weniger informierte Besucherinnen und Besucher aus ganz Europa in die Schweiz, wo sie Fundstellen und Bergungsarbeiten besichtigten. Dass unter diesen eine große Zahl von Wissenschaftlern war, hing damit zusammen, dass die prähistorische Forschung des mittleren und späten 19. Jahrhunderts eine eigentlich „europäische" Wissenschaft war. Dies ist hier besonders in Abgrenzung zur im vorigen Kapitel dargestellten inhaltlichen Suche nach den deutschen Vorfahren im frühen 19. Jahrhundert zu sehen und auch zur „nationalen Wissenschaft", mit der sich die deutsche Archäologie in der ersten Hälfte des 20. Jahrhunderts bemühte, Eigenarten innerhalb ihrer nationalen Grenzen zu erforschen und hervorzuheben. Während sich die inhaltlichen Fragen europäischer Vorgeschichtsforschung auch in anderen Ländern im 19. Jahrhundert immer nicht zuletzt um eine identitätsstiftende „eigene" beziehungsweise jeweils nationale Geschichte drehten, war die Wissenschaft selbst bereits in einem hohen Ausmaß „grenzüberschreitend" aktiv. Ähnliches gilt nicht nur für die Geologie, auch die Wissenschaftler anderer Disziplinen verstanden sich – mit einer Formulierung des Historikers Thomas Nipperdey gesprochen – früh als „internationale Kommunität der Forscher", internationale Beziehungen waren zu dieser Zeit generell ein wichtiger Bestandteil wissenschaftlichen Arbeitens.

Gereist waren Geologen und Prähistoriker auch schon im 18. Jahrhundert, um wesentliche Aufschlüsse, Fundplätze oder Museen in anderen Ländern zu sehen. Das hing nicht zuletzt mit dem Umstand zusammen, dass ein großer Teil ihrer jeweiligen Untersuchungsobjekte nur vor Ort studiert werden konnte und die eigene Anschauung als wichtiger Bestandteil des Forschens galt. Gleichwohl bedeutete die zunehmende Öffnung der Wissenschaften über die Grenzen der jeweils eigenen Nation hinaus um die Mitte des 19. Jahrhunderts wesentlich mehr als die Kenntnis größerer Fundbestände. Verstärkt konzentrierte man sich in archäologischen Untersuchungen jetzt auch auf internationale Zusammenhänge, auf europäische Vergleiche und vorgeschichtliche Verbindungen. Auch die konzeptionellen Unterschiede prähistorischer Forschung waren in den verschiedenen Ländern relativ gering. Das heißt, einerseits erhoffte man sich ab der Jahrhundertmitte von internationalen Vergleichen ein besseres Verständnis archäologischer Phänomene, andererseits begriff man diese Phänomene aber auch als internationale Erscheinungen. So schrieb Ferdinand Keller 1860 im dritten Bericht über die Pfahlbauten der Schweiz: „Wir können nicht umhin, auf das Hirschhorn, Knochen- und Steingeräte, das in verschiedenen Theilen Deutschlands und Frankreichs vorkommt und mit den Artefacten der Pfahlbauten völlig übereinstimmt, aufmerksam zu machen. – Eine Vergleichung der von Boucher de Perthes bei Abbeville, der in den irischen und schottischen Crannoges entdeckten Alterthümer, sowie derjenigen, welche die Austerhaufen (Kjökkenmöddinger) Dänemarks darbieten, mit den Pfahlbaugegenständen werden wir im vierten Berichte zu geben versuchen.“

Dadurch schien es vielen Forschern erst recht obligatorisch, Museen und Ausgrabungen ausländischer Kollegen zu besuchen. Ferner waren briefliche Kontakte zahlreich, Arbeiten von Kollegen anderer Sprachräume wurden übersetzt oder zusammenfassend dargestellt, und ab 1866 traf man bei den regelmäßig stattfindenden internationalen prähistorischen Kongressen persönlich zusammen. Bereits am zweiten Kongress, der 1867 in Paris ausgerichtet wurde, nahm etwa bereits Rudolph Virchow teil. Die jeweils im Anschluss publizierte Kongressberichte geben ein lebendiges Bild von der internationalen Zusammensetzung der Teilnehmer und den regen Diskussionen, die bei diesen Anlässen geführt wurden. Auch der Austausch, der im Zusammenhang mit den Weltausstellungen erfolgte blieb nicht ohne starken Einfluss auf die prähistorische Wissenschaft beziehungsweise auf ihre Protagonisten. Auf einer „internationalen Bühne“ verbreitete sich hier das neueste Fachwissen – wohl auch über Ausgrabungsmethoden.

In den Vorreden zur ersten und zur zweiten Auflage der deutschen Ausgabe seiner Abhandlung über „Pre-Historic Times“ beschrieb John Lubbock in den 1860er Jahren, welche englischen, skandinavischen, deutschen, französischen, italienischen Museen er bereist habe, um sich für die Aufgabe, die das Buch an ihn stellte, vorzubereiten. Darüber hinaus habe er „mit den thätigsten Archäologen sowohl jenseits wie diesseits des Oceans in brieflichem Verkehr gestanden“. Friedrich Lisch pflegte Briefwechsel unter anderem mit Sven Nilsson in Lund, Christian Thomsen in Kopenhagen und Adolf Morlot in Lausanne, etwa zu stratigraphischen Fragen. Adolf Morlot publizierte 1868 in Zürich die Ergebnisse seines mecklenburgischen Kollegen unter dem Titel „L’Archéologie du Mecklenbourg d’après les travaux du Dr. Lisch comparée a celle de l’Europe centrale“. 1867 lernten sich auf der Weltausstellung in Paris Heinrich Schliemann und Jens Jacob Asmussen

Worsaae kennen. Weitere Beispiele für den großräumigen Austausch unter Prähistorikern ließen sich zahlreich anführen.

Das Gästebuch der Pfahlbauten am Pfäffikersee bei Robenhausen enthielt entsprechend die Einträge vieler namhafter ausländischer Wissenschaftler. Zahlreiche Forscher der Anthropologie und Prähistorie wie Burnett Taylor, Oscar Montelius, Gabriel de Mortillet sowie Heinrich Schliemann und Rudolf Virchow unternahmen Reisen in die westliche Alpenregion, aber auch Geologen wie der oben zitierte Engländer Charles Lyell, der schwedische Polarforscher Otto Martin Torell und der Wiener Professor Eduard Suess.

Die Schweizer Pfahlbauten wirkten in diesem Zusammenhang regelrecht inspirierend auf die archäologisch tätigen Besucher, da sie die Möglichkeit eines neuen aufregenden Forschungsbereichs eröffneten: den prähistorischen Alltag. Das Forschungsinteresse richtete sich daher vielerorts deutlich beeinflusst auf mögliche analoge Funde und Befunde, man suchte regelrecht nach den entsprechenden Seeufersiedlungen – und man fand sie, zum Beispiel in Italien.

Als auch Rudolf Virchow das Pfahlbaufieber erfasste

In Nordostdeutschland setzte ein wahres Pfahlbaufieber ein, was den französischen Prähistoriker Gabriel de Mortillet zu dem ironischen Ausruf veranlasste: „La Prusse veut voir aussi ses palafittes“ – Preußen möchte auch seine Pfahlbauten sehen. Der Pfahlbaubefund wurde geradezu zur „Mode“. Namentlich Rudolf Virchow und Friedrich Lisch publizierten teils auf spezifische Fundplätze gerichtete, teils grundsätzliche Abhandlungen über die deutschen Pfahlbauten. Virchow verfolgte mit großem Interesse die Fortschritte an den Schweizer Seen. 1866 beschrieb er bewundernd, wie man auf allerlei auch aus Gräbern bekanntes „Geräth“ gestoßen sei, wie man darüber hinaus aber auch „vieles ganz Neue“ gefunden habe. Besonders betonte er die Pfähle, die Ferdinand Keller sofort zu der Vermutung geleitet hätten, „daß man hier auf Wohnstätten der Steinmenschen gestoßen sei; er“ – gemeint ist Keller – „schloß, daß die Wohnungen auf Pfahlbauten über dem Spiegel des Wassers gestanden haben müßten“. Virchow mutmaßte anschließend, dass sich in den Seen und Torfmooren, die gerade Norddeutsch-

Arzt, Politiker und Archäologe: Rudolf Virchow (1821–1902).

land so zahlreich enthalte, viele Stellen ermitteln lassen müssten, wo ähnliche Ansiedlungen bestanden hätten. Dafür sprachen seiner Meinung nach die gefundenen Stein- und Metallgegenstände aus Mooren, sowie das gelegentliche Auffinden von Pfählen – „man muß nur erst aufmerksam sein, dann wird man schon finden ...“. Gut informiert über die Schweizer Feuchtbodenbefunde ging man daran, die heimischen Gewässer auf eben solche Strukturen abzusuchen. Zahlreiche Gegenden wurden durchforscht und die vorgefundene Situation an diesen Siedlungsstellen abgeglichen mit jener an den Schweizer Fundplätzen. „Gestern habe ich mich überzeugt, daß wirklich Pfahlbauten im Daber-See stehen. Wir haben große Mengen von Thierknochen u Kupfergeschirr mitgenommen, die ganz mit dem übereinstimmen, was anderswo unter ähnlichen Verhältnissen gefunden ist. Bis jetzt fehlen alle Spuren von Waffen u Hausgeräth, mit Ausnahme der Töpferwaaren. Gewiß muß sich aber mehr finden lassen. Es müßte also auf Metall, Getreide, Früchte gefahndet, die Situation genauer festgestellt, die Nachbarschaft untersucht werden.“

Nach den analogen Pfahlbauartefakten wurde „gefahndet“ und befriedigt jenes konstatiert, was übereinstimmte mit dem, „was anderswo unter ähnlichen Verhältnissen gefunden ist“. Die Lage der Pfähle in den nordischen Feuchtbodenbefunden verglich man mit jener in den Schweizer Siedlungen, Artefakte, Tierknochen und botanische Makroreste wurden auf die selbe Weise analysiert und diskutiert und die Ergebnisse denen aus dem Süden gegenübergestellt. Augenfällig ist in diesem Zusammenhang etwa die dezidierte Berücksichtigung von Schweineknochen, deren Bestimmung in den Schweizer Seen eine bedeutende und vor allem definierende Rolle zugesprochen wurde. Der bereits zitierte Zoologe Rütimeyer hatte 1860 festgestellt, dass der vielleicht auffälligste Charakterzug, der durch alle Pfahlbauten hindurch zu gehen scheine, das reichliche Vorhandensein von Knochen einer vermutlich wilden Schweinerasse sei, die vom herkömmlichen Wildschwein deutlich abgewichen habe.* Die Knochen dieses befundspezifischen „Torfschweins", wie Rütimeyer es taufte, bildete „nebst denjenigen von Hirsch und Kuh [...] weitaus den beträchtlichsten Theil der Pfahlreste; gleichzeitig den wichtigsten", unter anderem, da sie „das damalige Vorhandensein einer äusserst charakteristischen Schweinsrace zur Kenntnis bringen, die von den gegenwärtig in Europa lebenden Hauptracen durch viele wichtige Merkmale sehr bedeutend abwich und als gänzlich erloschen zu betrachten ist". Virchow hat diese Publikation begeistert rezipiert und betont, dass es Rütimeyer gelungen sei, aus den im Küchenabfall gefundenen Tierresten ein Bild der prähistorischen Tierwelt von großer Vollständigkeit herzustellen. In seinem Artikel „Die Pfahlbauten im nördlichen Deutschland" schrieb er über die märkischen und pommerschen Feuchtbodensiedlungen: „Es prävalirt wieder ganz auffällig das Schwein". Schon mit dieser Formulierung, es überwiege wieder das Schwein, bezieht er sich betont auf das durch Rütimeyer dargelegte pfahlbautypische Mengenverhältnis im Tierknochenspektrum. Dabei ließ er es nicht bewenden, sondern schickte überdies Schweineknochen aus den untersuchten Fundstellen an Rütimeyer, der laut Virchow anerkannte, „dass diese Race mit der Torfrace identisch ist." Virchow kam in seinen Betrachtungen zum Torfschwein zu dem Schluss: „Wenn man die in der Schweiz aufgestellten Gesichtspunkte annimmt, so müsste man schliessen, dass gewisse Beziehungen des Volkes unserer Seedörfer und Burgwälle mit der Bevölkerung der schweizerischen Pfahlbauten bestanden haben."

Es handelte sich also nicht um eine Erforschung lokalisierter Fundstellen, die Perspektive war eine andere: eine bestimmte Art von Fundstelle sollte

* Signifikant hohe Anteile von Schweineknochen werden in neueren Untersuchungen ab der Mitte des 4. Jahrtausends v. Chr. für die Schweizer Seeuferstationen konstatiert, an einzelnen Stellen auch schon früher. Es handelt sich dabei allerdings nicht um Knochen von Wildtieren (der Anteil der Wildschweine im Siedlungsabfall wird im Gegenteil eher als gering eingeschätzt), sondern von neolithischen Hausschweinen. Diese grazilen, hochbeinigen Tiere gleichen nach einer Einschätzung der Archäozoologen Jörg Schibler und Louis Chaix aus dem Jahr 1995 „abgesehen von ihrer geringen Größe und Massivität eher den Wildschweinen", ihr Vorkommen lässt sich bis in das Mittelalter nachweisen. Rütimeyer irrte sich also offenbar in seiner Einschätzung, die Schweineknochen stammten von wilden Tieren.

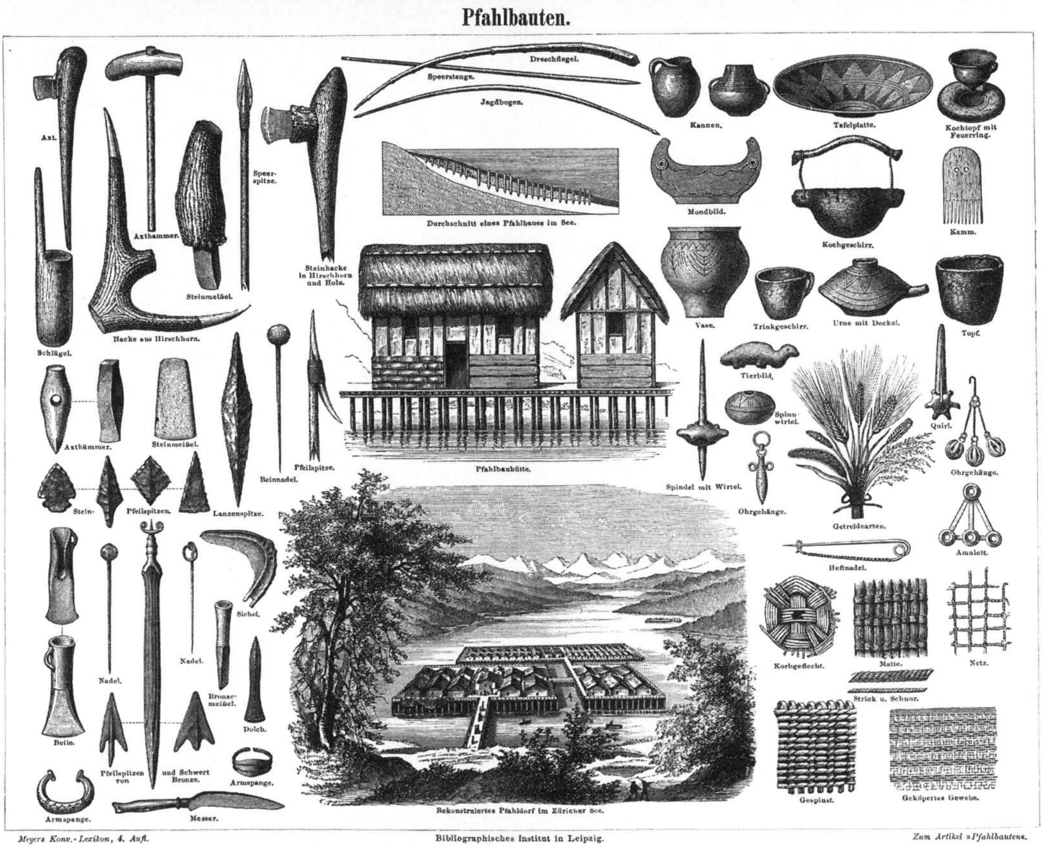

Rekonstruktion von Pfahlbauten im Zürichsee mit Darstellungen gefundener Alltagsgegenstände aus Meyers Konversations-Lexikon von 1890.

lokalisiert werden. Potentielle Areale (stehende Gewässer), in denen sich erste Belege (Pfähle) ermitteln ließen, wurden systematisch begangen. Erst die Erfüllung obligatorischer Kriterien führte dann zur näheren Untersuchung eines Platzes, denn allein das „Zusammenstehen von Pfählen in einer gewissen Ordnung“ galt nicht als hinlänglicher Beweis für die Existenz einer Seestation, es mussten dort auch entsprechende Funde gemacht worden sein. Die gezielte Suche nach Belegen für eine Analogie der Ergebnisse mit jenen aus der Schweiz führte so im Anschluss an die Identifizierung des Fundplatzes zu einer selektiven Erfassung und Analyse des Materials. Für den Vorbildbefund bekannt gewordene Charakteristika wandelte man in entsprechende Fragen an das eigene Quellenmaterial um, wie die Untersuchung spezifischer Relationen innerhalb des Tierknochenspektrums und die gezielte Analyse bestimmter Tierknochen auf bestimmte Kriterien zeigen. Auch kritische Äußerungen zum Fundbestand erfolgten in Anlehnung an bekannte Phänomene der schweizerischen Befunde. Funde geknackter Haselnüsse galten als typische Erscheinung der Siedlungen und konnten auch in Nord- und Nordostdeutschland gefunden werden. Die „Abfrage" dieses Kriteriums regte Virchow allerdings zu grundsätzlichen Bedenken über dessen historische Aussagekraft an. Es sei zweifelhaft, ob die auch in der Schweiz vielfach gefundenen Nüsse, die „als ein Hauptnahrungsmittel der Pfahlbauern angesehen werden", tatsächlich durch Menschenhand gespalten worden seien. Nüsse, wenn sie im Wasser lägen, sprängen sehr leicht auseinander. Die Mehrzahl der gefundenen Schalen könnten seiner Meinung nach auch zufällig in die Fundstellen gekommen sein, wie zahlreiche Äste und Zweige verschiedener Baum- und Straucharten, die sich ebenfalls bis in die größte Tiefe nachweisen ließen.

Solche Überlegungen zu den gemeinsamen Elementen eines Phänomens Pfahlbauten lassen keinen Zweifel, dass hier die Verbindung zwischen schweizerischen und preußischen Pfahlbauten selbstverständlich schien. Die Abhandlungen belegen, dass sie sogar als europäische Erscheinung untersucht wurden. Virchow stellte 1866 drei Kategorien von Pfahlbaubefunden auf und gab an, welche bekannt gewordenen Seeuferfundstellen der jeweiligen Kategorie zuzuordnen sei: erstens jene Befunde mit „noch jetzt" unter der Wasseroberfläche befindlichen, meist aus Eiche gefertigten Pfählen, die entweder eingetrieben oder mit Steinsetzungen am Grund befestigt waren. Diese konstatierte er für Zürichsee, Bieler See, Neuenburger See, Genfer See und Bodensee. Zweitens solche, die „gegenwärtig unter Torfmooren versteckt liegen" und teilweise aus großer Tiefe ausgegraben werden mussten. Der Unterschied zu ersteren, so Virchow, sei nur scheinbar, auch diese Pfähle hätten ursprünglich auf dem Seeboden gestanden und seien erst nach Rückzug des Wassers vom Torf überzogen worden, der zur besonderen Form dieses Befunds geführt habe. In einer besonderen Schicht des Bodens, die man als die „Culturschicht" bezeichnet habe, „liegen stets die eigenthümlichen Geräthe und Werkzeuge, die Nahrungsstoffe und Gewebe unter dem Torfe". Aus ihr träten auch die Pfähle sichtbar hervor, die jedoch noch tiefer bis in den alten, durch seinen weißen Kalkgrund ausgezeichneten Seeboden reichten. Eine solche Situation treffe man an in Robenhausen am Pfäffiker See, in Moosseebach bei Bern, in Wismar und stellenweise am Plöne-See in der Nähe von Lübtow (heute Lubiatowo, Woj. Szczecin in Polen). Virchows dritte Kategorie stellten künstliche Inseln dar, die bis über den Seespiegel in die Höhe gebaut waren. Die Zwischenräume der Pfähle zeigten sich hier entweder mit Holz, Erde und Steinen gefüllt, oder man hatte den Baugrund durch mit Steinen befestigte Querbalkengerüste stabilisiert. Die Fundorte dieser Konstruktionen, so Virchow, lägen in Irland und an einigen Schwei-zer Seen, vielleicht auch am Persanzig-See in Pommern. Die Konstruktionsunterschiede verband Virchow noch nicht mit einer Datierung.

Mit Verallgemeinerungen wie „Hauptnahrungsmittel der Pfahlbauern“ (siehe oben), pauschalen Verhältnisangaben zu Tierknochen aus allen Seeufersiedlungen oder dem länderübergreifenden Vergleich von Strukturen der Pfahlsetzungen definierte Virchow also ein Phänomen, das sich überall zu ähneln schien. Dabei ist zu bedenken, dass die absoluten zeitlichen Verhältnisse der einzelnen Perioden Mitte des 19. Jahrhunderts nicht erfasst waren und man auch in Zürich nicht im Bewusstsein einer Zeitspanne von über 3000 Jahren zwischen den neolithischen und den späteisenzeitlichen Seeufersiedlungen laborierte. Die bekannte relativchronologische, noch grobe periodische Einordnung der Funde galt hingegen wiederum als Nachweis für die Analogie der Siedlungen in Nord und Süd. Solange die Zeitgleichheit mit den voralpinen Seestationen einigermaßen gewährleistet war, funktionierte auch die Analogie. Virchow führt allerdings bereits 1869 an, dass steinzeitliche Funde nur in zwei Ausnahmefällen im Bereich der Seeufersiedlungen im nördlichen Deutschland nachgewiesen werden konnten. Er ging schon davon aus, dass die meisten Pfahlbauten hier metallzeitlich seien, die größeren hielt er für unzweifelhaft eisenzeitlich. Er betonte mit Bezug auf die späteisenzeitliche Siedlung La Tène am Neuenburger See dann, dass auch in der Schweiz späte Pfahlbauten existiert hätten und es damit wohl möglich wäre, „dass unsere Seedörfer mit diesen schweizerischen synchronisch wären. Immerhin“, so Virchow weiter, „wird man nicht zweifeln dürfen, dass wirkliche Pfahlbauten in unseren Seen existirt haben und dass sie für unsere Gegenden vorhistorisch sind“. Für den Fall, dass eine zeitliche Parallelität der preußischen mit den schweizerischen Pfahlbauten sich nicht in der gewünschten Deutlichkeit nachweisen ließ, korrespondierten die beiden Räume der vorgeschichtlichen Seesiedlungen immerhin noch im zeitlichen Verhältnis zur jeweils eigenen (Landes-)Geschichte: „dass der Pfahlbau, [...] uns den frühesten erreichbaren Culturzustand der Bewohner der Schweiz zur Kenntnis bringt“, hatte Rütimeyer 1860 formuliert. Neun Jahre später fasste Virchow zusammen, selbst wenn man zugestehe, dass die preußischen Pfahlbauten in der Generalgeschichte der Pfahlbauten eine verhältnismäßige späte Geschichte bezeichneten, so würde man doch immer sagen müssen, dass sie „in der Geschichte unseres Landes die früheste Periode repräsentiren, welche überhaupt ein sesshaftes Volk uns zur Anschauung bringt“.

Die Erforschung der Pfahlbauten wurde in Deutschland hauptsächlich durch Lisch und Virchow salonfähig gemacht. Sie profitierten von ihren Kenntnissen der schweizer Funde. Beide gingen dabei gewissermaßen deduktiv vor, wobei es ihnen allerdings zunächst nicht darum ging, ihre Hypothese zu überprüfen, sondern darum, jene Beweise zu finden, die die Zugehörigkeit der heimischen Pfahlstellungen zum alpenländischen beziehungsweise zum europäischen Phänomen Pfahlbauten positiv bestätigten. Damit konn-

Pfahlbaumuseum in Unteruhldingen am Bodensee (© picture alliance).

te man einerseits auch hier dem Wissensdesiderat beikommen, das in Bezug auf Siedlungen allgemein herrschte. Andererseits war eine spektakuläre archäologische Erscheinung definiert, zu deren Untersuchung man etwas beitragen konnte. Die Zugehörigkeit zu eben jenem Phänomen musste zunächst nachgewiesen werden, wofür wie gezeigt auch die kleinsten gemeinsamen Nenner herangezogen wurden. Analoge Merkmale sollten die Übereinstimmung der Befunde belegen.

Mit den Einsichten in die Datierung der Keramik in Mecklenburg und Preußen in den siebziger Jahren endete auch die Vorstellung von einem Befundphänomen Feuchtboden. Am 22. Januar 1870 schrieb Lisch an Virchow, es seien „allerdings alle die „preußischen“ „Pfahlbauten“ sicher aus der letzten Heidenzeit,“ auch handele es sich vermutlich eher um Befestigungen oder Bollwerke, als um Seeansiedelungen. Auch Virchow selbst erklärte 1874 „unsere Pfahlbauten und Burgwälle“ für slawisch und zwar aufgrund des „Thongeräts“, also der keramischen Funde. Weitere Untersuchungen auf diesem Gebiet bestätigten, dass es sich bei den Seeuferbefunden aus Preußen zumeist um Reste slawischer Siedlungen und Burgen handelte, mit denen im heutigen Gebiet Mecklenburgs und Westpolens ab dem 7. Jahrhundert nach Christus gerechnet werden kann. Der von Virchow angeführte Befund aus Daber (heute Dobra, Woj. Szczecin in Polen) etwa war, wie sich später herausstellen sollte, in slawischer Zeit eine 200 m langen Brücke.

In Theodor Fontanes Roman „Vor dem Sturm“, an dem Fontane 1866, also im Jahr von Virchows erster „Pfahlbaufahndung“, zu arbeiten begann, heißt es über den Hobbyarchäologen Pastor Seidentopf: „Unser Seidentopf war ein archäologischer Enthusiast trotz einem und ausgerüstet mit all den Schwächen, die von diesem Enthusiasmus so unzertrennlich sind, wie die Eifersucht von der Liebe. Er phantasierte, er ließ sich hinters Licht führen; aber in einem unterschied er sich von der großen Armee seiner Genossen: Er sammelte nicht, um zu sammeln, sondern um einer Idee willen. Er war Tendenzsammler.“

Zwar spielte der Fund nach wie vor eine zentrale Rolle in archäologischen Arbeitszusammenhängen, doch stand die historische Motivation dabei klar im Vordergrund. Fontanes Roman spielt im Winter 1812/13 – ein Pfarrer Seidentopf hätte sich zu jener Zeit noch von vielen anderen sammelnden Altertumsfreunden dadurch unterschieden, dass sein Augenmerk der Geschichte gilt. Er ist einer der erwähnten „politischen“ Altertumskundler des (frühen) 19. Jahrhunderts und bemüht um den archäologischen Beweis, dass seine Heimat, die Mark Brandenburg, durch alle Zeiten „germanisch" gewesen und geblieben sei. In der Pfahlbauforschung Mitte des Jahrhunderts waren es bereits mehr als einige vereinzelte Enthusiasten, denen das Artefakt weniger als Sammlerstück denn als Geschichtszeugnis wertvoll erschien. Auch Virchow und Lisch suchten die Funde nicht um der Funde willen. Sie waren Tendenzsammler sogar in zweierlei Hinsicht: Indem sie geschichtliche Tendenzen zu ergründen suchten wie Fontanes Seidentopf, aber mehr noch, indem sie den Tendenzen folgten, die die prähistorische Wissenschaft in ihrer Zeit zu einer Sensation machten.

Es ist allgemein bemerkenswert, wie sich gewissermaßen „entlang" europaweit bekannter und bis heute als für die prähistorische Forschung wegweisend geltender Befundgattungen weitere Gegenstände wissenschaftlichen Interesses eröffneten. Die „Muschelhaufen" Skandinaviens oder die Pfahlbausiedlungen der Schweiz fanden in fast jeder etwas allgemeineren Abhandlung über Fundplätze Erwähnung, galten gewissermaßen als ‚Mütter' aller Befunde, die eine Orientierung über den wissenschaftlichen Wert anderer zu untersuchender Fundplätze ermöglichten. Die Untersuchung des „Küchenmoders" wurde bereits an den Seeuferstationen der Schweiz mit dem Verweis auf die dänischen und schwedischen Kjökkenmöddinger durchgeführt (siehe oben), später wurden die Pfahlbausiedlungen selbst zum Vorbild- oder Abgrenzungsbefund: „Meklenburg hat bis jetzt keine schweizerischen Pfahlbauten, keine dänischen Kjökkemödding, keine französischen vorsündfluthliche Steinalterthümerlager, u. s. w., aber es hat sicher bescheidene Höhlenwohnungen aus der heidnischen Steinzeit."

Beispielhaft führt diese Anmerkung Lischs von 1864 vor Augen, wie zahlreiche entsprechende Kommentare diese stete Präsenz der „Modelle" im 19. Jahrhundert belegen. Das angeführte Muster des fortgeschrittenen 19. und beginnenden 20. Jahrhunderts, archäologische Phänomene aus einer europäischen Perspektive heraus zu verstehen und zu beurteilen, stand damit sicher in engem Zusammenhang. So erklärte es in Kopenhagen Sophus Müller 1905 als Direktor des National-Museums zu einer offensichtlich gesamteuropäischen Grundanschauung des zweiten Jahrtausends vor Christus, dass, obwohl man für die Lebenden vielerorts vergängliche Häuser errichtet habe, man den Toten für die Ewigkeit gebaut habe. Stolze Grabbauten, so Müller, stünden von Süden nach Norden unversehrt, während die Wohnungen der

Lebenden vertilgt seien. „Die griechischen Kuppelgräber und die dänischen Riesenstuben sind ein Ausdruck gleicher Vorstellungen und im wesentlichen ein und dasselbe. Nichts zeigt besser die Einheit der europäischen Kultur als diese Baudenkmäler." Auf die prähistorische Feldforschung hatten die Pfahlbauuntersuchungen in vielen Ländern aber auch einen ganz praktischen Einfluss. Sie rückte nämlich die Erforschung vorgeschichtlicher oder, allgemeiner ausgedrückt, vergangener Siedlungen überhaupt in den Bereich des Möglichen und weckte auch in Deutschland ein gesteigertes wissenschaftliches Interesse an der Untersuchung solcher Plätze. Der Mediziner Adolf Friederich aus Wernigerode im Harz, Altertumsforscher, Ausgräber und Mitglied des Harz-Vereins für Geschichte und Altertumskunde, formulierte es bereits 1868:

„Das große Aufsehen, welches die Entdeckung der Pfahlbauten in der Schweiz und demnächst auch an anderen Orten erregte, berechtigt zur Mittheilung von Ueberbleibseln auch anderweiter alter Wohnsitze um so mehr, weil es scheint, daß es deren wohl viel mehr giebt, als man bisher gemeint, daß ihre Feststellung aber mit größeren Schwierigkeiten verknüpft sein dürfte, als die der Pfahlbauten."

Doch sei auch die Entdeckung der Pfahlbauten durch das Zusammentreffen besonders begünstigender Umstände herbeigeführt worden und es hätten sich, nachdem man sie in ihrer Eigentümlichkeit einmal erkannt gehabt habe, die Entdeckung und Auffindung immer neuer solcher Plätze weit leichter gestaltet. Eine ähnliche Dynamik erwartete man nun auch im Bereich der Mineralbodensiedlungen. So erfolgten trotz oder wegen der genannten „größeren Schwierigkeiten" Diskussionen um das Aussehen vorgeschichtlicher Häuser im Allgemeinen sowie Versuche, Kriterien für die Entdeckung von Wohnplätzen abseits der Seeufer zu finden und materielle Hinweise und Spuren solcher Stellen zu untersuchen. In der zweiten Hälfte des 19. Jahrhunderts gewann das Siedlungsthema in der archäologischen Forschung so eine starke Präsenz.

Limes-Türme und Holzhäuser: Kleine Spuren im Sand

Trotz der Entdeckung vorgeschichtlicher Holzbauten an den Seeufern Europas blieb in der zweiten Hälfte des 19. Jahrhunderts das archäologische

Bild prähistorischen Wohnens im Bereich mineralischer Böden also zunächst geprägt von Abfallkonzentrationen (Keramik, Knochen etc.) und von „Gruben-“ oder „Höhlenwohnungen“. Nur eingeschränkt beziehungsweise nur von wenigen Ausgräbern wurden solche Plätze überhaupt näher untersucht. Die Idee der „Kulturschicht“ hatte sich im Zuge der Höhlen- und der Pfahlbauforschung fest etabliert, sie bezeichnete eine deutlich dunkel gefärbte Schicht, die Funde enthielt und als Indiz für menschliche Einwirkung galt. Neben dem Auftreten einer solchen Kulturschicht oder auch einfach einer Konzentration von Siedlungsabfall galt als archäologisches Merkmal für eine ehemalige Siedlungsstelle bald auch das Vorkommen eines Herdes, erkennbar an „Brandstätten, sich von dem weißlichen Sande durch dunklere, grauschwarze Färbung stark abhebend“ und an einer charakteristischen Setzung aus angekohlten Steinen. Der Harzer Ausgräber Friederich stellte so den Herd als einziges bleibendes Konstruktionselement eines früheren Hauses dar als er ausführte, die Spuren früherer Ansiedlungen seien so gering, dass es größter Aufmerksamkeit bedürfe, sie nicht zu übersehen, „denn sie reducieren sich einfach auf das Centrum des Hauses, den Heerd.“ Und Lisch charakterisierte die „Beschaffenheit der Höhlenwohnungen“ als eine immer gleiche Anordnung, bei der sich in einer Tiefe von etwa fünf Fuß ein Fußboden oder ein Herd von Feldsteinen befände, „der gewöhnlich eine runde Form vermuten lässt.“ Darauf lägen viele dickwandige Scherben von Kochtöpfen sowie Holzkohle, Tierknochenreste und „steinerne Alterthümer“. Des Weiteren konnte auch die Möglichkeit, einen Grabbefund ausschließen zu können, als Beweis dafür ins Feld geführt werden, dass ein Platz als frühere Siedlung anzusprechen war. Rudolf Virchow etwa argumentierte bei der Interpretation zweier entsprechender Befunde, die er 1872 in der Nähe des wiederum im Harz gelegenen Dorfes Rosperswende untersucht hatte, es sei weder an der einen noch an der anderen Stelle etwas gefunden worden, was für eine „Gräberstelle“ spräche. Man könne daher nicht umhin, beide Plätze auf alte Ansiedlungen zu beziehen oder möglicherweise auch als Teile von Opferstätten anzusprechen.*

* Es ist hier wieder aufschlussreich, dass sich Virchow und sein Freund Saalfeld ursprünglich auf den Weg nach Rosperswende gemacht hatten in der Annahme, die dort bis zu diesem Zeitpunkt verschiedentlich gefundenen Altertümer „möchten Ueberreste von Pfahlbauten sein“.

Dass in vorgeschichtlicher Zeit lange Gruben als Wohnstätten genutzt worden seien, beschäftigte die Altertumskundler ab der Jahrhundertmitte. Zunächst war die Funktion solcher Gruben, die regelhaft die verschiedensten Funde enthielten und europaweit aufzutreten schienen, umstritten. Man deutete sie als Materialentnahmegruben für Stein und Erz, als Vorratssilos oder als militärische Schützengruben. Die Ansicht, es handle sich um ehemalige „Unterbauten von Wohnungen“ beziehungsweise um die Wohnstätten selbst setzte sich letztlich durch, und bald galten die so genannten „Trichtergruben“, „Heidenlöcher“ oder „Mardelles“ als primitive architektonische Vorstufe des Hauses.

Auf der Suche nach prähistorischen Siedlungsspuren grub Rudolph Virchow auch solche Befunde aus. In einem Bericht über archäologische Beobachtungen auf der Bischofsinsel bei Königswalde (heute: Lubniewice, Woj. Lubuskie in Polen) von 1870 hob er besonders das dort angetroffene „alte Culturland“ hervor, auf oder in dem seiner Meinung nach Erdwohnungen existiert haben mussten. Zunächst habe der Anschein bestanden, als sei der ganze Boden flächig von der Kulturschicht bedeckt. Es ergab sich aber im Verlauf der Untersuchung, während der Virchow einen 6 Fuß (knapp 2 Meter!) tiefen und 3–4 Fuß breiten Schnitt parallel zum Ufer anlegen ließ, „dass die Zusammensetzung des Bodens eine in kurzen Zwischenräumen sehr wechselnde sei“. Den anstehenden gelben Sand konnte Virchow leicht erkennen und unterscheiden – „er war jedoch von Stelle zu Stelle unterbrochen durch grössere, keilförmig in die Tiefe gehende Massen von schwärzlicher Erde, welche 5–6 Fuss unter der Oberfläche große, zum Theil haufenweise liegende Stücke von Holzkohle, Asche, zerschlagene und gebrannte Heerdsteine umschloss“.

Er folgerte daraus, dass hier Vertiefungen in gewisser Entfernung voneinander bestanden haben mussten und später durch „Nachstürzen“ von oben und von den Seiten her wieder verfüllt worden sein. Diese „Trichter“ bargen also Fundgegenstände, „namentlich der Küche, in grosser Menge, während der Sand daneben frei davon war“. Gerade der Umstand, dass die wesentlichen Funde in den Trichtern gemacht wurden und diese in je tieferer Lage innerhalb einer Grube desto vollständiger erhalten waren, veranlasste Virchow zu der Schlussfolgerung, „dass diese Gruben nicht bloss Keller unter den Wohnungen, sondern selbst bewohnt waren, wenigstens die Küche mit enthielten“. Eine solche Wohnweise in Gruben sei bei „alteuropäischen

Stämmen“ an verschiedenen Orten nachgewiesen worden. Beispielhaft führte er ähnliche solche „Erdwohnungen“ an, die in der Region des Zürichsees 1851 und 1862 von einem Herrn Escher aufgedeckt worden seien. Dass dieser gleiche Verweis in den wenigen Publikationen über „Höhlenwohnungen“ immer wieder als einer der wenigen angeführt wird, unterstreicht allerdings nur, dass eingehendere Untersuchungen, wie sie Virchow an dieser Siedlungsstelle vorgenommen hat, damals noch eine Ausnahme darstellten.

Aufgrund der Schwierigkeiten, analog zu den reichhaltigen und in großer Zahl aufgedeckten Gräbern auch die materiellen Spuren von Siedlungen zu erforschen, wurden in der zweiten Hälfte des 19. Jahrhunderts auch andere Möglichkeiten, also andere Quellen als die archäologischen, für die Untersuchung dieser Befundgattung stark diskutiert. So versuchte man, aus verschiedenen Arten von schriftlichen Quellen Erkenntnisse über die Wohnweise der Vorfahren zu gewinnen. Dadurch zeigt der Blick auf die Siedlungsforschung des 19. Jahrhunderts auch, dass der Rückgriff auf Schriftquellen ganz offensichtlich nicht auf eine bestimmte Phase in der Forschungsgeschichte der Prähistorie beschränkt blieb. Die Eigenständigkeit der archäologischen Quelle hing zwar eindeutig auch vom Selbstverständnis der untersuchenden archäologischen Wissenschaft in einer bestimmten Phase oder Zeit ab, wie oben am Beispiel der Untersuchung von Gräbern bis zur Mitte des Jahrhunderts sichtbar wurde. Doch Sprache beziehungsweise Schrift wurden darüber hinaus auch später noch dort benötigt, wo eine spezifische Befundgattung der Archäologie noch zu schlecht bekannt war, um ohne schriftliche „Unterstützung“ Aussagen zu erlauben. „Das deutsche Haus in seiner historischen Entwickelung“ zu beschreiben, gestaltete sich 1882 mangels materieller Information über die allerfrühesten Bauten als schwierig. Der Autor einer solchen Abhandlung, der Historiker Rudolf Henning, stellte allerdings einleitend klar, dass diese Überlieferungslücke nicht damit zu begründen sei, dass ein solches Haus nicht existiert habe: „Dass unsere Vorfahren, als sie in Deutschland einwanderten und sesshaft wurden, noch keine gezimmerten Häuser gekannt, vielmehr als echte Nomaden noch in zeltartigen Hütten oder auf beweglichen Schäferkarren gewohnt ist eine Annahme, zu der uns nichts berechtigt, mag das Haus der ältesten Zeiten auch noch so primitiv gewesen sein.“

Das Material, das für eine eventuelle Erforschung des Hauses „der ältesten Zeiten“ beziehungsweise gar einer Frage wie „ob die Germanen der Vorzeit bereits eine eigene nationale Architectur gehabt haben und wie dieselbe beschaffen war“, zur Verfügung stünde, sei ein dreifaches. Besonders hob Henning erstens sprachwissenschaftliche und altphilologische Quellen hervor, „die ältesten Nachrichten“, nämlich einerseits also die Benennungen von Gebäudeteilen aus verschiedenen Zeiten und Sprachen und ihre etymologische Bedeutungen. Noch informativer schienen ihm aber andererseits die literarischen Zeugnisse der antiken Schriftsteller. Als zweite Quellenart nannte er „die norddeutschen Hausurnen, die alle einer frühen Periode germanischer Keramik angehören und zweifellos leichte Nachbildungen von Häusern sind“. Die bislang gefundenen Urnen seien jedoch sehr unterschiedlich und bautechnisch darüber hinaus nur wenig aufschlussreich. Drittens schließlich kam er auf die archäologischen Reste vorgeschichtlicher Häuser selbst zu sprechen, die ihm als Quellen offenbar zu spärlich waren, die aber jedenfalls, wie er entschied, „noch nicht in Betracht“ kämen, denn, „weder die Ueberreste der Pfahlbauten noch die sogenannten Erdwohnungen lassen uns zu einer festen Anschauung vordringen.“

Erst die so genannte „Entdeckung des Pfostenloches“ an der Wende zum 20. Jahrhundert durch die Limesforschung markierte, trotz langjähriger inner- und außerwissenschaftlicher Diskussionen über die Glaubwürdigkeit dieses Befundtyps, den Übergang zu einer eigentlichen Siedlungsarchäologie im mineralischen, also im trockenen, Boden.

Am obergermanischen-raetischen Limes erkannte man vermutlich erstmals die Bedeutung der Verfärbungen der Pfostengrubenverfüllungen als Zeugnisse vergangener Eckpfosten von hölzernen Wachtürmen. Die Ausgrabung römischer Militäranlagen war seit dem Ende des 19. Jahrhunderts ein planvoll durchgeführtes Unterfangen mit einer eigens eingerichteten „Reichslimeskommission“, die in der Zeitschrift „Limesblatt“ zeitnah die Ergebnisse ihrer Untersuchungen publizierte. Als erste publizierte Erwähnung eines „Pfostenlochs“ gilt ein entsprechender Hinweis im Beitrag „Holztürme bei Osterburken“ von Karl Schumacher, dem späteren Direktor des Römisch-Germanischen Zentralmuseums in Mainz, in der Zeitschrift „Limesblatt“ von 1896. Der Berliner Archäologe Carl Schuchhardt beschrieb später, wie sich „das Aufsuchen der Holzbauten im Boden“ seit 1899 besonders bei den Untersuchungen des römischen Kastells Haltern in größerem Maßstab entwickelt habe. „Wie man am Limes die eingeebneten Steinkastelle immer schon dadurch festgestellt hatte, dass man im flachen Acker den Graben

Ausgrabungen um das Jahr 1900 im römischen Grenzkastell Holzhausen im heutigen Nordrhein-Westfalen.

an seiner Einfüllung mit lockerem und schmutzigem Boden erkannte, so suchte man nun zu dem Graben nach demselben Kriterium auch die Pfostenlöcher."

Auch die im Limesblatt erschienenen Berichte der Streckenkommissare der Reichslimeskommission geben einen deutlichen Eindruck davon, wie sich der Pfostenbefund etablierte. Die Berichte über die Aufdeckung von Pfostenlöchern setzten sich unmittelbar seit der genannten offenkundig ersten Erwähnung von Verfärbungen wiederverfüllter Pfostengruben im Jahr 1896 im Limesblatt Jahr für Jahr mit geradezu beiläufiger Selbstverständlichkeit fort. Man kann es aus heutiger Sicht durchaus als erstaunlich bezeichnen, dass „das Mittel, das kleine unscheinbare und deshalb manchmal belächelte, mit dem sich heute alle nur aus Holz gebauten und deshalb bisher verloren gegebenen Häuser, Lager, Burgen wiedergewinnen lassen", wie Schuchhardt das Pfostenloch später charakterisierte, so unauffällig und ganz nebenbei in die archäologische Feldforschung Einzug hielt. Das Verfahren seiner Auffindung und Aufdeckung, so berichtete Schuchhardt, habe man von den römischen Anlagen Westfalens auf die sächsischen in Hannover und Holland übertragen und von diesen wiederum auf die altgermanischen und slawischen im märkischen Raum.

Der Nutzen der Entdeckung für die Vorgeschichte war nahe liegend und erschloss sich rasch. Wie unmittelbar die Übernahme dieser Erkenntnis in die vorgeschichtliche Siedlungsforschung erfolgte, hat der Prähistoriker Michael Meyer unlängst gezeigt. Er schreibt dem Gymnasiallehrer und Limesforscher Wilhelm Soldan das Verdienst zu, um 1900 bei Neuhäusel im Westerwald den ersten prähistorischen Hausgrundriss freigelegt zu haben. Tatsächlich verfolgte Soldan die Spur des römischen Limes und hoffte, „die Reste eines der Holztürme oder der Baracken“ zu finden, als er auf den Befund eines Gebäudes stieß. Er machte einige Suchschnitte und fand „eine kleine, vierseitige Plattform“ mit Estrichbelag. Bei ihrer näheren Untersuchung stellte er fest:

„Die Anlage zeigte eine entfernte Aehnlichkeit mit den Barackenresten, wie sie in den letzten Jahren bei den Limesuntersuchungen vielfach ausgegraben wurden. Aber es waren doch auch recht wesentliche Unterschiede vorhanden.“

Soldan definierte den – wie er aufgrund der keramischen Funde bald vermutete, hallstattzeitlichen, also früheisenzeitlichen – Befund zunächst anhand einer Abgrenzung von dem, was er von den Limesbefunden her kannte. Die Pfostenlöcher seien, anders als bei den römischen Bauten, nicht in die untersuchte Plattform selbst eingeschnitten, sondern befänden sich an deren Rand. Der umgebende Graben sei auch kein typisch römischer Spitzgraben und umzöge nicht die ganze Plattform, sondern nur knapp ein Viertel derselben. Er kam zu dem Schluss, dass es sich um „eine einer vorgeschichtlichen Kulturperiode, wahrscheinlich der Hallstattzeit, angehörige Hütte“ gehandelt hatte. Soldan stellte dann rasch fest, dass der von ihm aufgedeckte Gebäudebefund Teil einer „größeren Niederlassung“ war. Er grub die Reste mehrerer ehemaliger Häuser von unterschiedlicher Größe aus und schloss wiederum über den Vergleich mit den ihm bekannten römischen Befunden auf Details ihrer Konstruktion: Bei der Untersuchung zweier durch Brand zerstörter Gebäude fand er Wandstücke, die seiner Ansicht nach von der Glut „in eine ziegelartige Masse“ verwandelt worden waren. Sie zeigten Abdrücke von Flechtwerk und waren stellenweise einseitig glatt gestrichen, woraus man nach Soldan ersehen konnte, „dass die Wände der Hütten ebenso hergerichtet waren, wie später die der römischen Holztürme und Baracken“.

Von dem, was ihm archäologisch aus der Limesforschung bekannt war, leitete Soldan also sowohl durch negative Abgrenzung als auch durch positiven Analogieschluss die Interpretation dafür ab, was er hier antraf. Auffällig ist, dass ihm Pfostenlöcher zweifelsfrei und offenbar völlig selbstverständlich als Indiz für ein früheres Gebäude galten. In der prähistorischen Forschung war die Befundgattung nämlich anfangs durchaus umstritten. Dass man „von einem Pfostenloch erst reden dürfe, wenn man Holzspuren gefunden habe“, sei ihm immer entgegengehalten worden, berichtete der Berliner Archäologe Alfred Kiekebusch später, und er habe daher bei seinen Ausgrabungen „die größte Sorgfalt auf die Durchsuchung der dunklen Stellen nach Holzresten“ verwandt. Mit Erfolg: 1910 konnte er auf ein Pfostenloch verweisen, in dessen Füllung noch kleine Reste von Holz gefunden worden waren und die Diskussion für beendet erklären: „Damit wäre dann wohl auch der letzte Zweifel beseitigt.“ Auch Schuchhardt hatte in den ersten Jahren mit den Zweiflern an den Belegen prähistorischer Architektur zu tun. Die Besucher seiner Ausgrabung der Burgsiedlung „Römerschanze“ bei Potsdam hielten das „Pfostenloch“ teilweise gar für reine Phantasie der Ausgräber, da ihnen bei der Größe der ehemaligen Löcher eine Verursachung durch mächtige Bäume wahrscheinlicher schien.*

Mit der Einsicht in die Bedeutung der sich im anstehenden Boden noch nach Jahrtausenden als Verfärbungen abzeichnenden ehemaligen Pfostengruben erschloss sich der prähistorischen Forschung gewissermaßen wiederum eine neue wissenschaftliche „Objektgattung“, die Verfärbung als Bodenbefund. Wie erwähnt, galten außerhalb der Seeuferbereiche bis dahin hauptsächlich Konzentrationen von Scherben, gebranntem Lehm und Holzkohle als Hinweise für prähistorische Siedlungstätigkeit, selten erfolgte eine archäologische Untersuchung entsprechender Plätze. Auch Gruben wurden vereinzelt aufgedeckt. Doch waren die Aktivitäten auf diesem Gebiet lange zu spärlich, als dass sie wissenschaftlich Bedeutung hätten erlangen können, zudem war man sich nicht im Klaren darüber, wie sie zu interpretieren seien. Das „Pfostenloch“ konnte rasch zur Repräsentation des prähistorischen Gebäu-

* Der irreführende Begriff „Römerschanze“ rührt vermutlich von einer ursprünglichen frühen Interpretation der Anlage als „Räuber- oder Röberschanze“ her, woraus durch sprachliche Veränderung dann die „Römerschanze“ wurde. Tatsächlich war die Anlage vor allem in der Bronze- und frühen Eisenzeit besiedelt, für die slawischer Zeit lässt sich eine Neubesiedlung des Innenraums nachweisen.

Die Aufdeckung von Holzstümpfen einer einstigen römischen Palisade am Limes 1894 in der Nähe von Ansbach.

des avancieren und zu dessen Indiz bei der Feldforschung. Durch die Verfärbungen, die auch nach der Verwitterung der Hölzer im Boden die Stellen markierten, wo früher Pfosten gestanden hatten, war man nicht mehr auf Lagebestimmungen, Scherbenanalysen und die Untersuchung von trichterförmigen Gruben beschränkt. Mit den Verfärbungen ehemaliger Pfostengruben und Pfostenstandspuren gewann man Grundrisse, und damit die Gebäude der Vergangenheit.

Das vormalige Vorhandensein von Pfosten, Pflöcken oder Stäben in Gräbern war lange schon vor der Einsicht in Gebäudegrundrisse verschiedentlich etwa in den 1870er Jahren an dunklen Flecken im helleren Boden erkannt worden, und bereits im 18. Jahrhundert hatte man vereinzelt auf die Möglichkeit vergangene Hölzer zu finden, hingewiesen. Auch Christian Thomsen war 1837 in seinen Untersuchungsanleitungen auf eventuell festzustellende Spuren von Holz in Gräbern eingegangen. Das zeigt, dass die Einsicht in die

Erkennbarkeit von prähistorischem Holz an Verfärbungen im Boden nicht neu war, als das Pfostenloch um 1900 auf den Grabungsplan trat. Wodurch gerade zu diesem Zeitpunkt die Verbindung dieser Erkenntnis mit der Vorstellung von prähistorischer Holzbauweise, wie man sie seit der Mitte des Jahrhunderts aus den Seeufersiedlungen kannte, hergestellt wurde, lässt sich natürlich nicht unmittelbar zurückverfolgen. Auch die Limesforschung kannte ja noch als Hölzer vorhandene Bohlen und Pfosten, was möglicherweise erklärt, warum sich die Einsicht in die Bedeutung der runden Bodenverfärbungen gerade im Zusammenhang mit den Untersuchungen am römischen Grenzwall ergab. Es kann nicht ohne Bedeutung geblieben sein, dass man, nachdem die genannten Pfähle einer Palisadenreihe zum Vorschein gekommen waren, im weiteren Verlauf der Untersuchungen weitere solcher Holzreste aufdecken zu können hoffte. Ferner, dass diese Hoffnung zwar teilweise erfüllt wurde, man an bestimmten Streckenabschnitten den Befund allerdings nur noch anhand von „Spuren" erkennen konnte: „Zwei weitere Grabungen in diesem Walde und in der Hutung Giget ganz nahe der Stelle, wo der Limes die Wilburgstetten-Weiltinger Strasse erreicht, lieferten ausserhalb des Limes den Pfahlgraben vollständig sicher, wenn auch das ehemalige Vorhandensein von Pfählen nur in Spuren zu erkennen war." Diese Spuren wurden also bereits in einem unmittelbaren Bedeutungszusammenhang mit realen Holzpfählen erkannt, da man an der entsprechenden Stelle sicher Pfähle erwarten konnte. Tatsächlich „ergänzte" man bereits auch dort, wo sämtliche Hinweise auf die früheren Hölzer aus dem Boden getilgt waren, den Befund entsprechend im Wissen um unterschiedliche Erhaltungsbedingungen.

Die Frage, ob darüber hinaus auch die Pfahlbauforschung als Siedlungsforschung eine Rolle spielte, ob also ohne die vorangegangenen Entdeckungen an den Seeufersiedlungen die Identifikation der einschlägigen Bodenbefunde als Reste von aus Holz gebauten prähistorischen Häusern auf die selbe Weise erfolgt wäre oder nicht, muss offen bleiben. Es ist durchaus wahrscheinlich, dass die Entdeckung der Seeuferstationen den Blick einer Pfostenbauweise für vorgeschichtliche Wohnhäuser grundsätzlich öffnete, etwa in Abgrenzung zu den Vorstellungen von Grubenwohnungen. Dem widerspricht allerdings entschieden der dargelegte Umstand, dass flächige Kulturschicht und Grube das Bild, das man sich von vorgeschichtlichen Wohnstätten machte, bis in das 20. Jahrhunderts hinein dominierten. Es scheint lange ein akzeptiertes Faktum gewesen zu sein, dass zwar an Seeufern sowohl in Stein- als auch in Metallzeiten in aus Holzpfosten gebauten Häusern gesiedelt worden war, in allen anderen Bereichen aber vornehmlich in Gruben.

Profil und Planum: Siedlungsarchäologie um 1900

Der Limesforscher Soldan gab im Bericht über die prähistorische Niederlassung im Westerwald wenig Auskunft über seine Grabungsverfahren, hat aber offensichtlich mit Plana (Planum: Ebene), also mit künstlich hergestellten ebenen Oberflächen sowie mit Profilen gearbeitet. Die von ihm publizierten Pläne, die die Befunde in Aufsicht zeigen, lassen vermuten, dass er Plana anlegte, also Areale horizontal flächig aufdeckte. Wie groß die Abschnitte jeweils waren, die er am Stück öffnete, lässt sich nicht erschließen, aber wahrscheinlich nicht sehr weitläufig – denn es war wohl, wie Alfred Kiekebusch später bemerkte, in den ersten Jahren nach der Jahrhundertwende eher die

Um 1900 wurde die Erfassung von Profilen archäologischer Befunde fester Bestandteil der Siedlungsarchäologie: Ausgrabungen im jungsteinzeitlichen Erdwerk Urmitz bei Koblenz. (© Foto Marburg)

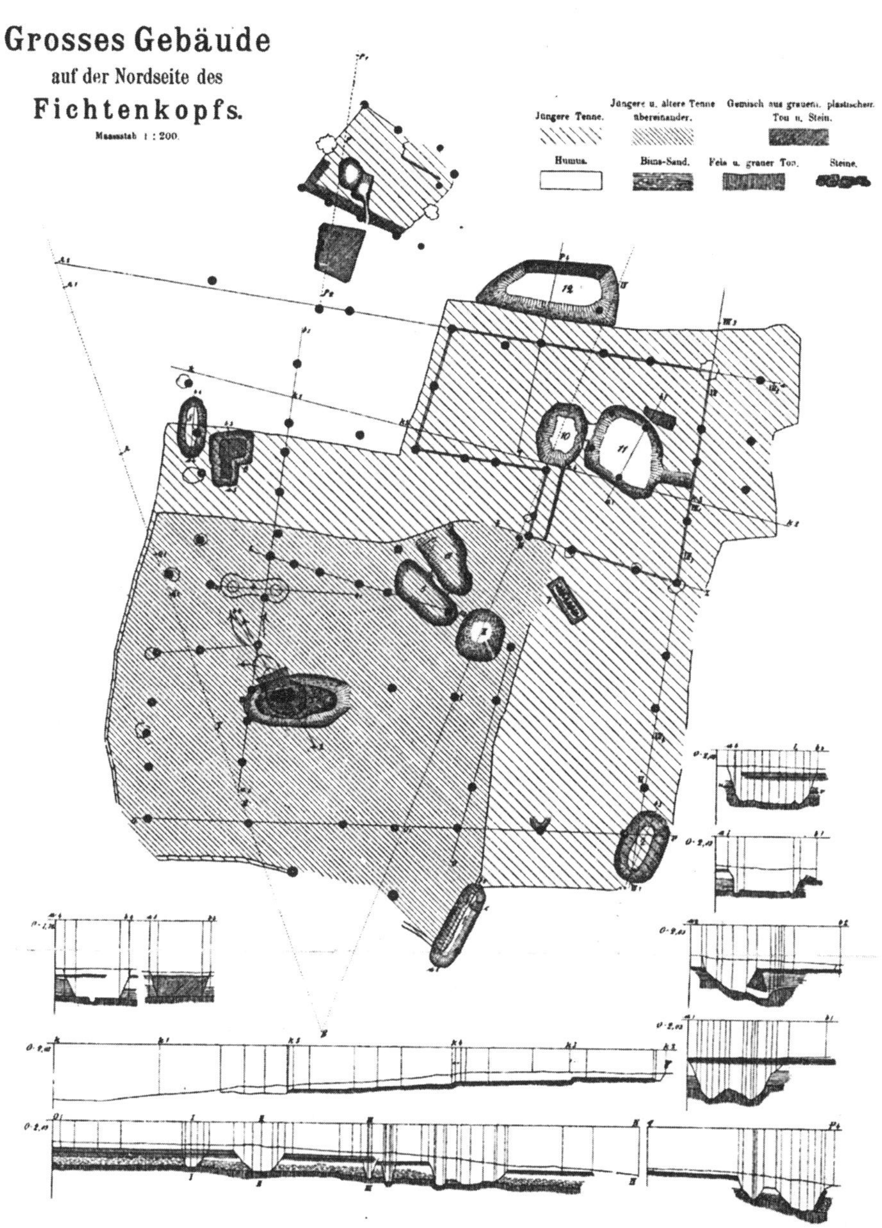

Ausgrabungen eisenzeitlicher Siedlungsbefunde im Westerwald um 1900 durch Wilhelm Soldan. Oben: Aufsicht auf das Planum. Der Verlauf einiger Profile ist durch Linien gekennzeichnet. Unten: Darstellung der vertikalen Profile.

Regel, „jede einzelne Stelle zu erledigen und in den Plan einzutragen“. Es ist somit auch eher unwahrscheinlich, dass Soldan diesbezüglich systematisch vorging, also etwa Areale von festgelegter Flächengröße öffnete: Da eine solche Systematik nicht existierte, wäre andernfalls wenigstens ein Hinweis darauf von ihm zu erwarten. Hingegen kann man annehmen, dass er den weiteren Abtrag an einer Fundstelle jeweils danach ausrichtete, was er zunächst beziehungsweise bei den ersten Spatenstichen vorfand. Auch zahlreiche Profilschnitte legte Soldan an, stellenweise dokumentierte er Profile auf einer Länge von über 40 Metern, die quer über die Grabungsfläche und durch die Hausbefunde hindurch führten. Die Beobachtungen, die er anhand der Profilansichten machte, hatten zunächst mit einfachen Fragen der vertikalen Abfolge zu tun, wie etwa: „Die Nordwestecke der Tenne ist, wie Profil „a6“ „b6“ erkennen lässt, um 0, 20 m vertieft“.

Neben funktionalen Erkenntnissen, wie hier die Lage einer Bank oder dort ein Abzug für den Herdplatz, erlaubte ihm die Beobachtung von Profilen auch relativchronologische Interpretationen der untersuchten Stellen. Auch das Planum gab nicht nur Auskunft über die Anordnung der Befunde im horizontalen Raum und ihre Funktion wie Grube, Herd oder Pfosten, sondern half ihm zusätzlich bei der Interpretation unterschiedlicher Konstruktionsphasen – zwei von ihm identifizierte Bodenhorizonte übereinander belegten ihm „das Vorhandensein zweier Bauten von verschiedenem Alter“. Sein Vertrauen in die Möglichkeit, stratigraphische Situationen direkt in relativchronologische Interpretationen gewissermaßen zu „übersetzen“, war offensichtlich außerordentlich groß. Das zeigt seine Deutung einer unmittelbar unter der unteren der beiden „Tennen“ gelegenen „Wohngrube“. Dass die Grube älter sein müsse, als die beiden Pfostengebäude, war ihm klar, da sie unter der älteren Tenne zum Vorschein gekommen war. Diese Grubenwohnung habe, so Soldan, allerdings die gleichen hallstattzeitlichen Scherben aufgewiesen wie die darüber liegende Tenne. Obgleich also aufgrund der Lagerung als älter belegt, mussten die Gruben aufgrund des Fundmaterials von ihm dennoch „derselben Kulturperiode“ zugewiesen werden. Das irritierte ihn ganz offensichtlich. Denn die Grube galt als Zeichen primitivsten Wohnens und ein direkter Zusammenhang zwischen dieser und dem aus Holz konstruierten Haus mit Lehmtenne konnte trotz übereinstimmender keramischer Funde nur in einem Entwicklungszusammenhang gesehen werden, keinesfalls aber in einer Gleichzeitigkeit. Entsprechend formulierte Soldan in Bezug auf die „Kulturperiode“: „In dieser scheint sich also hier, was den Bau der Wohnungen betrifft, ein großer Fortschritt vollzogen zu haben, der darin bestand, dass man es lernte, aus einer feuchten Erdgrube auf eine erhöhte trockene Plattform hinaufzusteigen!“ In relativchronologischer Hinsicht ist diese Äußerung deswegen so aufschlussreich, weil ein drittes Kriterium hier zu den beiden relativchronologischen Kriterien Schichtenabfolge (also Überlagerung des Älteren durch das Jüngere) und Fundinhalt (hier: Keramik) tritt: Die architektonische Entwicklung beziehungsweise die Vorstellung vom technischen Stand in prähistorischer Zeit unterstützte die chronologische Argumentation. Die Befunde waren ungleichzeitig, das bewies ihre Lage übereinander. Und doch traf man übereinstimmende Scherben an, was wiederum für eine relativ kurze zeitliche Abfolge sprach. Eine solche konnte schwer einleuchten, weshalb Soldan das Problem gewissermaßen mit einem ideologischen Argument löste, indem er einen generellen technischen Fortschritt innerhalb des hallstattzeitlichen Abschnitts proklamierte und so die Distanz zwischen den Befunden wieder vergrößern konnte. Bemerkenswert ist, anders herum gewendet, dass er einzelnen Befunden einen so hohen Informationsgehalt zusprach, dass sie für ihn einen architektonischen Wandel direkt zu repräsentieren beziehungsweise wiederzuspiegeln vermochten. Damit geht die Interpretation von Soldan noch über die so genannte „Pompeji-Prä-

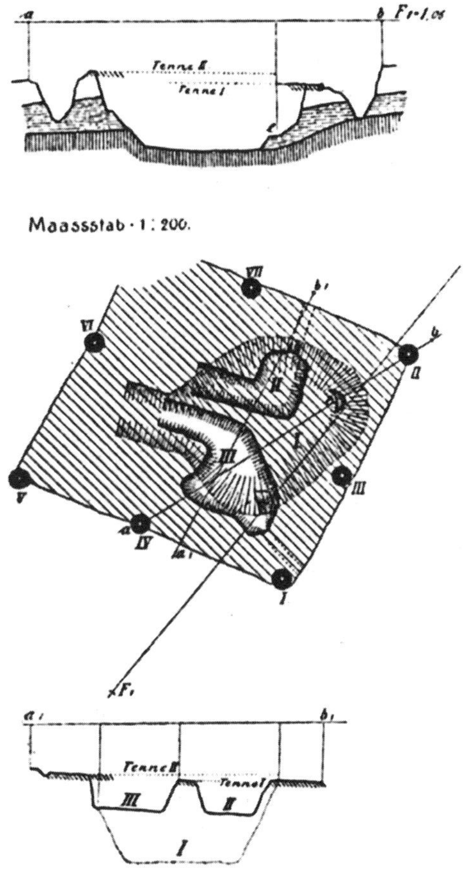

Fig. 2. *Wohnstätten übereinander*

Ausgrabungen eisenzeitlicher Siedlungsbefunde im Westerwald um 1900: Stratigraphische Abfolge dreier Befunde, die der Ausgräber als aufeinander folgende Behausungen interpretierte.

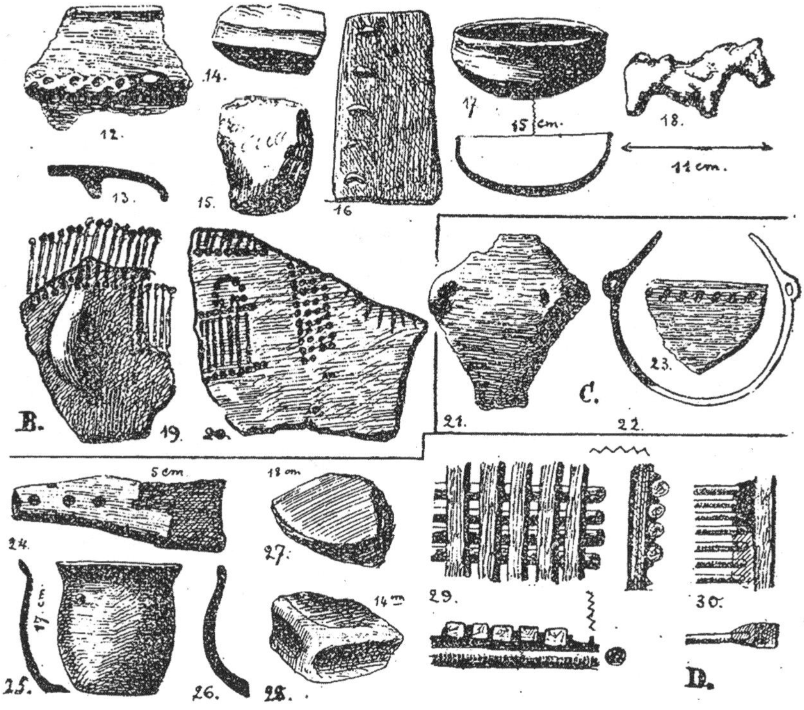

Ausgrabungen bei Achenheim im Elsass 1898–1903 durch Robert Forrer. Funde aus verschiedenen Gruben.

misse“ hinaus, die ein (falsches) generelles Verständnis vom archäologischen Befund als einem unmittelbaren Abbild einer einst lebendigen Gesellschaft bezeichnet. Denn nicht nur das Sichtbarwerden eines Abbilds, sondern gar einer historischen Entwicklung in ihren Einzelschritten glaubte der Ausgräber unmittelbar von einem einzigen Befund ablesen zu können.

In den folgenden Jahren wurden die Beschreibungen, wie Siedlungsbefunde aufzufinden und zu untersuchen waren, zunehmend detailliert. Kulturschichten, also flächige Ablagerungen mit Artefakten und Abfall, hatten sich wie angedeutet im Zuge der Erforschung der Seeufersiedlungen als Siedlungszeugnisse etabliert und galten in der zweiten Hälfte des 19. Jahrhunderts als Indiz, wenn es um die Auffindung von Wohnplätzen im Bereich mineralischer Böden ging. Sie wurden hier auch zu Beginn des 20. Jahrhunderts noch als Einheit erfasst, als „gewaltige Kulturschicht [...], welche sich durch tiefschwarze Farbe als das Produkt einer Jahrtausende währenden Vegetation kennzeichnet, und mehrere Anzeichen birgt, dass hier der Mensch während langdauernder Zeiten gehaust hat," wie sie der elsässischen Archäologe Robert Forrer beschrieb. Zwar erkannte man also gegebenenfalls an, dass die Gesamt-Kulturschicht die Mehrphasigkeit einer Siedlung repräsentieren konnte. Man unterzog die Kulturschicht allerdings in der Regel keiner Differenzierung, sondern interessierte sich in erster Linie für ihren Inhalt, der Rückschlüsse auf hauswirtschaftliche Vorgänge (wie etwa Ernährungsgewohnheiten) erlaubte. Darunter aber wurden jetzt Herd- und Abfallgruben erkannt und eben jene Vertiefungen, die für die Einbringung von Pfosten gedient hatten. Diese hoben sich „durch ihre dunklere Farbe" vom anstehenden Boden ab. Auch Carl Schuchhardt betonte, um die grabungstechnischen Erkenntnisse der Limesforschung auf einst besiedelten Flächen anzuwenden, müsse man „die jetzige Humus- und früher bewegte Schicht", also auch die Kulturschicht, zur Gänze „abheben und dann auf dem reinen ‚gewachsenen Boden' eine Fläche herstellen". Akribisch wurden die so freigelegten Einzelbefunde vermessen und dokumentiert, wobei eine deutlich ‚objekthafte' Auf-

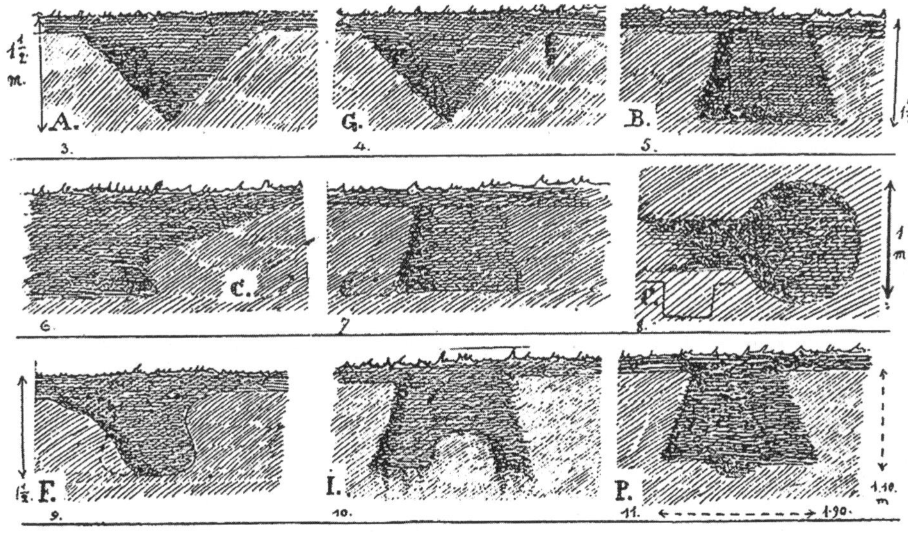

Profile von Spitzgräben und von Gruben der Ausgrabungen bei Achenheim durch Forrer 1898–1903.

reihung von Profilskizzen in den Grabungspublikationen die kompositorische Anlehnung an Fundtafeln nahe legt. Das zeigt, dass man die neuen wissenschaftlichen Phänomene nicht zuletzt aus der Perspektive des Bekannten betrachtete – der Verfärbung als Repräsentation vergangener Materie konnte man durchaus als Objekt begegnen.

Die systematische Beobachtung der internen Strukturen von prähistorischen Kulturschichten trieb ab der zweiten Dekade des 20. Jahrhunderts besonders der erwähnte Berliner Archäologe Kiekebusch voran. Auch aus Sicht der Grabungstechnik betrachtet lässt sich dabei nachträglich ein grundsätzlicher Umgang mit Befunden erkennen, der in Analogie zu jenem mit Objekten entstand. Die Humusdecke war jetzt so abzutragen, dass die Kulturschicht nicht beschädigt wurde. Es käme dann darauf an, so Kiekebusch, alles, was in der Kulturschicht von alters her an seinem Platze stünde, herauszupräparieren. Er legte großen Wert auf die Untersuchung der Details *in situ*. Auf dem Planum, das man durch Entfernung der „weniger wichtigen Teile der Kulturschicht bis zum gewachsenen Boden hin“ erhalte, höben sich dann „alle erhabenen Reste wie Herdstellen, Wandbewurf, Estrich u. dgl. von dem helleren Diluvialboden ab“. Der Ausgräber gab an dieser Stelle keinen Hinweis darauf, wie die „weniger wichtigen Teile“ von den wichtigen zu unterscheiden seien. Umso deutlicher schilderte er fortfahrend das Ergebnis dieser Vorgehensweise: „Jetzt entsteht ein klares, sicheres Bild. Eine Herdstelle neben der anderen oder gar ein Grundriß neben dem anderen“. Die Pfostenbefunde, aus denen der Grundriss zusammengesetzt ist, standen gleichberechtigt neben den zweifelsfrei materiellen Relikten, den „zusammengebrochene[n] Lehmwänden“ und der „Herdstelle mit der Steinpackung“. Die Verfärbung als Befund konnte so in der gegenstandsorientierten archäologischen Forschung zum anerkannten Untersuchungsgegenstand werden. Alles in der Kulturschicht, was am Fundplatz angelegt schien oder nach einem etwaigen Zusammenbruch der Häuser liegen geblieben sei, dürfe nicht entfernt, „ja nicht einmal berührt werden“. So ist Kiekebuschs Planum „durchaus nicht immer eben“. Mit dem Argument, dass Steinherde schon in der Vorzeit in den meisten Fällen über den Boden hinausgeragt hätten und zusammengebrochene Wandreste in verschiedenen Höhenlagen zu finden seien, warnte er davor, „gedankenlos nur die Grenze des gewachsenen Bodens suchen“ zu wollen. Dadurch würde der obere Teil „dieser Altertumsspuren“ weg geschnitten und so das ursprüngliche Bild zerstört.

Methodisch wurde das Aufdecken großer Flächen grundsätzlich wichtig, und Kiekebusch betonte wie bereits erwähnt, dass man im Gegensatz dazu bis zu diesem Zeitpunkt „jede einzelne Stelle“ ausgegraben hatte und die Resultate in einem Plan zusammengestellt. Für die archäologische Forschung vollzog sich mit dem Ausgraben großer Flächen eine bedeutende Umstellung in der Praxis, die auch in anderen europäischen Ländern als nachhaltige Veränderung aufgefasst und im englischsprachigen Raum als Übergang zur „Area“- oder „Open-Area“-Strategie bezeichnet wird. Dabei war dem Zusammenhang der einzelnen Befunde auch vorher Bedeutung beigemessen worden, Pläne vom Fundort spielten als dokumentatorisches Ergebnis bereits eine Rolle, wie etwa die Darstellungen von Soldan zeigen. Der ‚Output‘ blieb damit gewissermaßen gleich, in Form großflächiger Dokumentation der Befunde eines Fundplatzes oder eines Teilareals. Jedoch sollten jetzt die Zusammenhänge nicht mehr nur dargestellt werden, indem man etwa einzeln erfasste Pfostengrubenreste auf einem Plan zum Hausgrundriss verband. Kiekebusch und seine Kollegen schrieben stattdessen der Bodenöffnung selbst einen Erkenntniswert zu, gingen also davon aus, dass wenn die Befunde einer großen Fläche zeitgleich offen lagen, mehr Strukturen beziehungsweise mehr strukturelle Zusammenhänge erfasst würden. Beide Strategien waren allerdings zunächst auch praktisch bedingt: Große Flächen zu öffnen war in der Regel ein ökonomisches Problem, sodass man auf die Idee möglicherweise auch deswegen lange gar nicht verfiel. Von 1910 bis 1914 leitete Kiekebusch eine Ausgrabung in Berlin-Buch. Bei diesem Fundplatz handelte sich zunächst um ein Bauareal, auf dem die „IV. Städtische Irrenanstalt“ entstehen sollte, ein Teil des heutigen „Helios Klinikums Berlin“ im Ortsteil Buch des Berliner Stadtbezirks Pankow. Hier wurden die (großen) Untersuchungsflächen ohnehin entsprechend der fortschreitenden Bauarbeiten geöffnet. Es ist also leicht vorstellbar, dass sich die Programmatik der großen Fläche daher nicht zuletzt aus einer Pragmatik der großen Fläche durch eben diese Bauarbeiten entwickelte.

Nach Kiekebusch musste das erste Ziel jeder Dorf- und Hausuntersuchung also die Herstellung eines ‚Planums‘ sein, einer ebenen Fläche, „auf der man wie von den bedruckten und mit Abbildungen geschmückten Seiten eines Buches die Geschichte der Siedlung ablesen kann“. Den Begriff des „Planum“ setzte Kiekebusch zunächst in Anführungszeichen, ein Hinweis darauf, dass dieser in der archäologischen Feldforschung neu eingeführt war und da-

Das ‚Pfostenloch‘ als runde Verfärbung im Planum. Fotografiert von Albert Kiekebusch während seiner Ausgrabungen in Berlin-Buch 1910–1914.

mit seine Geläufigkeit beim Leser oder bei der Leserin nicht vorausgesetzt werden konnte. Nach Kiekebusch war der Ausgrabungsleiter verantwortlich dafür, die Befunde so klar wie möglich auf diese Weise in der Aufsicht sichtbar werden zu lassen. Dies geschehe „am vollkommensten da“, wo der gewachsene Boden begänne – eine Grenze, die seiner Meinung nach allerdings Anfänger nicht finden könnten, weshalb „eine Wohnstättenuntersuchung mit fremden Arbeitern oder mit immer neuen Kräften“ von vornherein zur Unvollkommenheit verurteilt sei. Plana wurden nicht in regelmäßigen Schichten abgehoben, sondern wie dargestellt unter Auslassung aufgehender Strukturen auf dem gewachsenen Boden hergestellt. Kiekebusch war allerdings klar, dass es sich bei dem, was als Planum freigelegt worden war, „nicht etwa um die alte Oberfläche“ handelte.

Am einzelnen Befund, also etwa am ‚Pfostenloch‘, wurde zur genauen Untersuchung sowohl der „Horizontalschnitt“ als auch der „Vertikalschnitt“ vorgenommen. Nachdem der Horizontalschnitt, der das Planum des Einzelbefunds bezeichnete, hergestellt und seine Lage eingemessen war, musste zunächst die eine Hälfte abgehoben werden, „um den senkrechten Schnitt", also das Profil des Pfostenlochs, zu erhalten. Das eigentliche ‚Planum' betraf nach Kiekebusch demzufolge das gesamte Grabungsareal oder doch eine größere Teilfläche, während der ‚Horizontalschnitt', den er auch als ‚Horizontalprofil' bezeichnete, die Herstellung der Aufsicht auf einen Einzelbefund meinte.

Alle Publikationen Kiekebuschs zeichneten sich durch einen stark ‚grabungsdidaktischen' Tenor aus, das heißt, es beinhalteten Instruktionen nicht nur jene Artikel aus den 1910er Jahren, die dezidiert die Methodik der Untersuchung prähistorischer Siedlungen zum Gegenstand hatten. Hingegen führte er in dieses Thema auch in seinen Grabungspublikationen ein, besonders bei der Beschreibung der Ergebnisse der Untersuchungen in Berlin-Buch zeigte er sowohl in den Zwischenberichten als auch in der abschließenden Monographie jeden Arbeitsschritt auf und erklärte die feldarchäologischen Notwendigkeiten im Hinblick auf die Siedlungsbefunde. Diese Ausführlichkeit in methodischen Belangen war zum einen der Tatsache geschuldet, dass die Aufdeckung von Siedlungen (im Mineralboden) bis zu diesem Zeitpunkt nur vereinzelt stattgefunden hatte, also feldarchäologisch neu war. Anders als im 19. Jahrhundert bei der Aufdeckung von Grabhügeln ging es somit nicht nur darum, die auf eine bekannte Befundgattung anzuwendenden Untersuchungsmethoden zu verbessern, sondern darum, eine neue Gattung, und damit ein neues Objekt (die Mineralbodensiedlung) archäologischer Feldforschung einzuführen und die Methoden seiner Untersuchung plausibel zu machen. Kiekebusch schrieb im Bewusstsein dieses Umstandes.

Der zweite Anlass für die intensive Auseinandersetzung mit verfahrenstechnischen Fragen in den Veröffentlichungen Kiekebuschs hing mit dem ersten zusammen: Ein starker Beweisdruck lastete auf den Archäologen, was die Aufdeckung von Siedlungsstrukturen im allgemeinen und von Gebäudegrundrissen im besonderen betraf. Wie angedeutet war die Rekonstruktion von Grundrissen aufgrund von ‚Pfostenloch'-Befunden nicht unumstritten. In Ost- und Mitteldeutschland, schrieb Kiekebusch 1910, sei man der Entdeckung des Pfostenloches mit zahlreichen Einwänden und Zweifeln begegnet, woran auch die Ausgrabungen Schuchhardts in Potsdam nichts geändert hätten. Mehr als einen Zweifler habe er, Kiekebusch, unter der großen Zahl von Fachkollegen, die ihn auf der Grabung in Berlin-Buch besucht hätten, noch überzeugen müssen – was ihm bei jenen, die sich die Zeit genommen hätten, „der Sache auf den Grund zu gehen“, allerdings auch gelungen sei. Kiekebusch betrachtete es bei der Publikation seiner Grabungsergebnisse als eine seiner Hauptaufgaben, „Beobachtung an Beobachtung zu reihen, damit auch der schlimmste Skeptiker Gelegenheit habe, sich ein Urteil zu bilden“. Eine Darstellung nicht nur der Ergebnisse, sondern auch der Methodik, mit der diese Ergebnisse erzielt wurden, war im Kampf um Glaubwürdigkeit also nahezu unumgänglich, da die Art der Befunde und entsprechend auch ihre Aufdeckung nicht nur neu waren, sondern zusätzlich auf starken Zweifel stießen.

Kiekebuschs Bemühungen, Grabungstechnik zu veranschaulichen, bedeuteten jedoch nicht, dass die Grenze zwischen Expertentum und Hobbyarchäologie durchlässig blieb – es ging ihm nicht darum, Außenstehende zur Ausgrabung anzuleiten, im Gegenteil. In einem Artikel über „Das Aufsuchen und Feststellen vor- und frühgeschichtlicher Siedlungsspuren“ vermerkte er 1915 zwar die Notwendigkeit, den freiwilligen Helfern und auch sonstigen Altertumsfreunden zur Erkennung der Wohnstätten eine ausführliche Anleitung zu geben, fügte aber unmissverständlich hinzu: „Festzuhalten bleibt da immer, daß es sich hier nur um die Entdeckung, nicht um die Untersuchung vorgeschichtlicher Wohnstätten handelt. Das Recht der Ausgrabung ist ja jetzt glücklicherweise beschränkt und geregelt durch das Ausgrabungsgesetz vom 26. März 1914.“

Methodische Ausführungen richteten sich jetzt also nur noch an den Laien beziehungsweise archäologischen Amateur, insofern sie die Identifikation von Fundstellen und Funden betraf, aber nicht länger bezüglich der Ausgrabungen selbst. Hatte man bereits im 19. Jahrhundert nicht nur Umsicht sondern möglichst zudem Erfahrung für die archäologische Feldarbeit gefordert, so schien nun der Zeitpunkt gekommen, der sichtbaren und unwiederbringlichen Zerstörung vieler Bodendenkmäler auch durch Gesetze Einhalt zu gebieten. Schuchhardt hatte zwei Jahre vor dem Kommentar Kiekebuschs eine „Denkschrift über die Notwendigkeit eines gesetzlichen Schutzes der Bodenaltertümer in Preußen“ verfasst. Erst 1914 erfolgte der Erlass des erwähnten Preußischen „Ausgrabungsgesetzes“. Es sah vor, dass eine Ausgrabung „nur in der Weise erfolgen darf, daß nicht das öffentliche Interesse an der Förderung der Wissenschaft und Denkmalpflege beeinträchtigt wird“. Deshalb war für jede Grabung eine Genehmigung durch den Regierungspräsidenten erforderlich, der über die Erfüllung der genannten Vorschrift entschied, und sofern diese Prüfung positiv ausfiel, die Genehmigung allerdings auch nicht versagen durfte. Mit denkmalpflegerischen Gesetzen dieser Art manifestierte sich zu Beginn des 20. Jahrhunderts juristisch die Professionalisierung der archäologischen Feldforschung in den deutschen Bundesstaaten, ein erstes war bereits 1902 im Großherzogtum Hessen erlassen worden. Berufs-Ausgräber im eigentlichen Sinn gab es nicht, eine eigene prähistorische Disziplin wurde an den deutschen Universitäten erst nach 1927 eingerichtet und in Bezug auf die Ausgrabungen war es sicher schwieriger als etwa in Bezug auf Funde, gesetzliche Einschränkungen zu formulieren. Das Kriterium der Nicht-Beeinträchtigung der Wissenschaft muss allerdings dennoch als auffällig dehnbar bezeichnet werden, es ließ vermutlich den Entscheidungsträgern großen Handlungsspielraum bei ihrer Wahl derer, die eine Ausgrabung durchführen durften – womit sie gleichzeitig darüber entschieden, wer als Experte und wer als Amateur zu gelten hatte.

Zwar waren bis in die 1920er Jahre hinein noch nicht viele Siedlungsplätze umfassend aufgedeckt und die Anzahl der ausgegrabenen Hausgrundrisse war längst nicht nennenswert. Doch lässt sich ein wachsendes Selbstvertrauen in Bezug auf die heimische archäologische Forschung in den ersten Dekaden beobachten, dem nicht zuletzt das Ausgrabungsgesetz Ausdruck verlieh. Denn man war, um es mit einer Beschwerde Kiekebuschs zu formulieren, bis zur Jahrhundertwende daran gewöhnt, Ausgrabungen in Griechenland, Italien, Ägypten und Vorderasien ernst zu nehmen, „ähnliche Versuche in Deutschland aber, soweit sie sich nicht etwa auf klassisch-römischem Gebiete bewegten, zu belächeln“. Es ist in diesem Zusammenhang erwähnenswert, dass das genannte Preußische Ausgrabungsgesetz von 1914 vorsah, dass die Ablieferung eines archäologischen Fundes etwa durch eine Privatperson unter anderem dann verlangt werden könne, wenn zu befürchten sei, dass der Fund „der inländischen Denkmalpflege oder Wissenschaft verloren geht“. Anders denn als neu gewonnenes Selbstbewusstsein in Bezug auf die Altertümer der eigenen Heimat kann eine solche Klausel wohl schwerlich aufgefasst werden – genau 80 Jahre nachdem in Griechenland durch das Antikengesetz die Ausfuhr von archäologischen Funden aus dem westägäischen Raum verboten worden war, begann man zu fürchten, die prähistorischen Funde aus Deutschland könnten sich der inländischen Denkmalpflege oder Wissenschaft durch Export entziehen.

So oder ähnlich stellte man sich im Zeitalter des Historismus das antike Griechenland mit seinen Palästen, Tempeln und Theatern vor: K. F. Schinkel, Blick in Griechenlands Blüte, 1825.

4

Tempel und Weinkelter

Die Untersuchung von Steinarchitektur

Klassische Archäologie im Zeitalter des Historismus

Die vergleichsweise frühe Etablierung einer institutionalisierten Forschung und Lehre der Klassischen Archäologie im deutschen Raum resultierte nicht zuletzt aus dem Bedürfnis der Künstler und Theoretiker des Klassizismus, eine ästhetische Wahl und die aus ihr abgeleitete Praxis durch historische Forschung zu rechtfertigen. Entsprechend galt das Interesse dieser archäologischen Ausrichtung neben epigraphischen in erster Linie kunstgeschichtlichen und architektonischen Aspekten der antiken Relikte, und die Methoden der Ausgrabung reduzierten sich länger als im Fall der heimischen Altertumskunde auf die reine Freilegung von Objekten und Monumenten. Dass isolierten Funden das Hauptinteresse galt, steht damit in Zusammenhang, dass, anders als in der Prähistorischen Archäologie, zahlreiche Schriftquellen zur Verfügung standen, die die Inhalte antiker Bildwerke unmittelbar inhaltlich zu erklären schienen.

Die Untersuchungen in den römischen Städten Herculaneum ab 1738, Pompeji ab 1748 und Stabiae 1749 gelten heute als eine Art Initialzündung, die längerfristig eine veränderte Feldforschung der Klassischen Archäologie nach sich zog, in der Ausgrabungen überhaupt eine Rolle spielten. Zwar handelte es sich bei den frühen Ausgrabungen zunächst auch eher um eine extensive ‚Schatzsuche', doch stellten die unter den Erzeugnissen vulkanischer Aktivität beeindruckend gut erhaltenen Städte das Bild archäologischer Bodenuntersuchungen in ein enorm günstiges Licht. Wichtig an den Ergebnissen war aus heutiger Sicht auch, dass sie umfassend publiziert wurden. Durch die weit verbreitete Kenntnis der imponierenden Befunde wurde erstens der Zugewinn an Erkenntnismöglichkeiten deutlich. Untersucht werden konnten hier erstmals hinterlassene Zusammenhänge, welche ein Verständnis antiker Lebenswelten ermöglichte. Darüber hinaus gewann die Archäologie durch diese Darstellung authentischer Zeugnisse sehr an Popularität. Die Bereitschaft weitere Bodenforschungen zu finanzieren, wuchs ständig und schuf die Grundlage für die Großgrabungen der zweiten Hälfte des 19. Jahrhunderts auf klassischem Terrain. Publikation, Auswertung und Klassifikation der Funde aus den vom Vesuv verschütteten römischen Städten wurden von der klassischen Altertumswissenschaft entsprechend befördert. Der Ausgrabung selbst, als strategischem Vorgang zur Quellengewinnung, maß man allerdings noch keine gesteigerte Bedeutung zu. Die Grabungssituation

Idealisierte, zeitgenössische Ansicht des Ausgrabungsortes Pompeji von J. P. Hackert, 1794.

vermittelten eher Maler, Schriftsteller und Architekten in das Bewusstsein der Öffentlichkeit.

Erst in der zweiten Hälfte des 19. Jahrhunderts wandte sich das historische Interesse der Klassischen Archäologie in systematischer Form dem einzelnen Fundplatz zu. Die Historisierung in den Geisteswissenschaften ließ die ideelle Nähe der Antike zunehmend schwinden. Der in den deutschen Kulturwissenschaften vorherrschende positivistische Historismus betonte die Individualität der einzelnen Kultur, was konträr zu den die Antike kanonisierenden Ansätzen des Klassizismus stand. Im Verlauf des konzeptionellen Wandels in der deutschen Geschichtsschreibung im späten 19. Jahrhundert wurde so auch das normative Traditionswissen abgelöst von empirisch erfassbarer Geschichtserkenntnis: nicht länger sollte es die Aufgabe der Historiker sein, einen in sich als abgeschlossen geltenden Wissenskanon von Generation zu Generation weiter zu geben. Statt Exemplifizierung oder Illustrierung eines tradierbaren Wissensbestands war jetzt eigene historische

Erkenntnis gefragt, die von immer neuen Interessen oder Problemen ausgehend immer neues Wissen hervorbringen sollte. Mit diesem veränderten Ansatz verband sich eine Neubetrachtung bereits bekannter Schriftquellen. So wurden etwa die antiken Historiker nicht mehr nur als Träger einer immer weiter zu vermittelnden Tradition gelesen, sondern sollten als bloße Arbeitsgrundlage für das wandelbare Erkenntnisinteresse genutzt werden. Auch die philologisch orientierte Historiographie setzte sich damit ein Wissen zum Ziel, das durch Forschung produziert war. Anders als es zumeist in der regional geprägten Altertumskunde der Fall war, konnten die Quellen der Klassischen Archäologie zu den Schriftquellen in Konkurrenz treten, weil sich die Untersuchungsbereiche überschnitten. Ausgrabungen konnten sogar in Form ihrer Funde neuartige Rohdaten für eine induktive Geschichtsforschung liefern. Entsprechend warb 1874 der Historiker und Klassische Archäologe Ernst Curtius anlässlich der Verhandlungen über die Durchführung der Olympia-Grabung für sein Projekt, indem er die Begrenztheit „der litterarischen Schätze des Altertums“ zu bedenken gab, deren „wesentliche Bereicherung nicht mehr in Aussicht“ stünden. Da Wissenschaft jedoch, so Curtius weiter, „eines immer neu zuströmenden Stoffes bedürfe, wenn sie lebendig sich fortentwickeln soll, hat sich die Forschung seit Beginn dieses Jahrhunderts mit besonderem Eifer und glänzenden Erfolgen den Denkmälern des Altertums zugewendet und ihre Erforschung an Ort und Stelle zu ihrer Aufgabe gemacht.“

Auf diese Weise wurde nicht nur eine möglichst umfassende Förderung für das spezifische Projekt der Olympia-Ausgrabung angestrebt, sondern eine wachsende öffentliche Akzeptanz der Methoden und Resultate der archäologischen Ausgrabung als wissenschaftlich seriös und historisch relevant gewonnen. Vereinfacht drückt es der Archäologe Adolf Borbein in einem 2002 erschienenen Band über die Geschichte der Ausgrabungen in Olympia aus, wenn er die Anerkennung einzelner archäologischer Projekte als wissenschaftlich ernstzunehmend darauf zurückführt, dass „die sogenannte wissenschaftliche Objektivität um 1870, in der Epoche des Positivismus, eine Parole war, die allgemein Zustimmung fand“. Zweifellos konnten und sollten Hinweise auf empirische Grundlagen ähnlich wie der Prähistorischen Forschung der Klassischen Archäologie zu einem Status zeitgemäßer Wissenschaftlichkeit verhelfen. Zu diesem Zweck wurde sogar wiederholt der methodologische Vergleich mit den Naturwissenschaften bemüht. Ernst

Curtius, so schrieb der frühere Olympia-Mitarbeiter Karl Boetticher 1886, habe „unlängst die neuere Methode der Alterthumsforschung mit derjenigen der Naturwissenschaften verglichen". Wie die Naturwissenschaft sich unabhängig gemacht habe von dem Zufälligen der Entdeckung, wie sie eine ‚experimentelle' Wissenschaft geworden sei, die bestimmte Fragen aufstelle und dieselben auf dem Wege des zielbewussten Versuchs beantworte, so begnüge sich auch die Altertumswissenschaft nicht mehr mit der Betrachtung dessen, was sich zufällig erhalten habe und gelegentlich ans Licht komme. Hingegen stelle sie jetzt begrenzte Fragen und nötige dem Boden die Antworten ab, derer sie bedürfe. Sie tue dies durch planmäßige Ausgrabungen an sol-

In Olympia waren regelmäßig mehrere hundert Arbeiter auf dem Ausgrabungsfeld beschäftigt. Aufnahme während der ersten Ausgrabungskampagne 1875/76.

chen Stätten, die „gewissen Anzeichen zufolge“ ein reichliches Material für die Lösung bestimmter wissenschaftlicher Aufgaben zu bergen versprächen.

Zahlreiche Protagonisten mit unterschiedlichen Motivationen waren an der Realisierung des Olympiaprojektes beteiligt, und Erklärungen wie diese bringen in erster Linie Anspruchshaltungen zum Ausdruck. Das Credo der Wissenschaft galt zum einen einer neuen Vorstellung davon, was Archäologie zu erbringen habe. Zum anderen blieb dem deutschen Vorhaben allerdings auch kaum eine andere Wahl, als sich auf die wissenschaftlichen Ergebnisse der Ausgrabung zu kaprizieren, denn die Funde standen gewissermaßen nicht zur Verfügung – die griechische Regierung hatte dem Projekt unter der Bedingung zugestimmt, dass die Funde in Griechenland blieben. Bereits 1869 hatte der preußische Kronprinz Friedrich Wilhelm, der spätere Kaiser Friedrich III., bei König Georg I. von Griechenland Verhandlungen über eine deutsche Ausgrabung auf griechischem Boden geführt. Dabei wurde vorerst nur über Rahmenbedingungen gesprochen, noch nicht über das konkrete Untersuchungsobjekt. Es wurde diskutiert, ein solches Unternehmen als deutsch-griechisches Gemeinschaftsprojekt zu deklarieren, es aber ausschließlich von preußischer Seite durchzuführen. Die Funde sollten als griechisches Staatseigentum zu behandeln sein, während Deutschland das Recht auf die wissenschaftliche Auswertung und Publikation der Untersuchungen zustehen sollte. In einem Schreiben an den damaligen deutschen Kultusminister Falk erklärte Friedrich Wilhelm 1873 den Kompromiss zur Chance. Dass man den materiellen Vorteil Griechenland überlassen und sich mit Abgüssen begnügen müsse sah er offensichtlich problemlos dadurch aufgewogen, dass, wenn durch eine solche Zusammenarbeit „ein Schatz rein griechischer Kunstwerke gewonnen würde“, zwar beiden Staaten der Verdienst, „aber allein Preussen der Ruhm dieses Erfolges“ zufiele. Derart großen Resultaten gegenüber, so seine Überzeugung, würde später niemand mehr fragen, welcher von beiden Staaten materiell am meisten Nutzen dabei gehabt hätte. Dieser Aussage mag man eine gewisse Bitterkeit über den aufgenötigten Verzicht auf materielle Vorteile entnehmen. Sie verdeutlicht aber darüber hinaus, wie die Darstellung von Ergebnissen und eine wissenschaftliche Aufarbeitung der Ausstellung von Funden im heimischen Museum den Rang abzulaufen begann. Noch selbstbewusster konnte eine solche Wertung rückblickend am Ende des Jahrhunderts formuliert werden, als die Grabung längst als erfolgreich gekürt war und die deutschen Ergebnisse publiziert vorlagen. In seiner

„Geschichte der Ausgrabung von Olympia" schrieb 1897 der Mitausgräber Rudolf Weil, ein deutscher Philologe und Archäologe:

„Waren bis dahin Ausgrabungen stets unternommen worden, um mit den Funden der klassischen Länder oder des Orients den Museen des Nordens neue Kunstschätze zuzuführen, so ward hier zum ersten Mal auf den Erwerb der Fundstücke verzichtet und ein rein ideales Ziel erstrebt, lediglich den Interessen der Kunst und der Wissenschaft zu dienen, die ein Gemeingut aller Nationen bilden."

In Olympia. Deutsche Ausgrabungen 1875 bis 1881

Welcher Natur dieses ‚ideale Ziel' genau war, darüber herrschen heute abweichende Ansichten. Zum einen wird eine bereits auf Winckelmann zurückgehende kunsthistorisch ausgerichtete Motivation zur Untersuchung Olympias vermutet. Danach zielten die Ausgrabungen im Heiligtum in hergebrachter Manier auf das Finden antiker Skulpturen und Bauwerke ab. Zum anderen geht man davon aus, dass die Beschreibungen des Pausanias ähnlichen Einfluss auf Curtius' Vorgehen in Olympia hatten wie Homers Schriften auf die Arbeit von Heinrich Schliemann in Troia, womit eine stärker historische Zielsetzung verbunden gewesen sein könnte.

Ein wesentlicher und neuer Aspekt war zudem ein starkes Interesse am Fundplatz in seinen Gesamtzusammenhängen. Es handelte sich sicher um die folgenreichste wissenschaftliche Zielsetzung in der Klassischen Archäologie zu jener Zeit. In seiner Antrittsvorlesung an der Universität Wien betonte der Archäologe Alexander Conze 1869 die Bedeutung einer Erfassung der kulturellen Gesamtheit ganzer Städte und Kulturlandschaften für die Archäologie. Nicht nur der Tempel, sondern auch der einfach behauene Stein und der aufgeschüttete Grabhügel gehörten seiner Meinung nach dazu. Entsprechend ließ er während seiner Ausgrabungen auf Samothrake 1873 und 1875 erstmals ein größeres zusammenhängendes Bauensemble freilegen, das Einblick in die hellenistische Baukunst gab. Auch in Olympia zielten die Untersuchungen auf den Fundplatz als Ganzes statt auf isolierte Gebäude ab. Nicht zuletzt wird dieser Ansatz heute zusätzlich auf Curtius' engen Kontakt mit dem Geographen Carl Ritter zurückgeführt. Ritter, der als Begründer der Kulturgeographie gilt, war in Bezug auf die Gliederung der gesamten Erde von der

Freilegung eines Hauses in Pompeji, Ende 19. Jahrhundert.

Wirksamkeit spezifischer Anordnungen und Verhältnisse ihrer Teile und Elemente überzeugt und hatte schon 1826 entsprechende Überlegungen angestellt: „Jeder ihrer noch so gesonderten Theile liegt gleichfalls nicht wirkungslos und nur zufällig fern von oder neben dem andern, sondern steht im Zusammenhange mit ihrem Gesammten; jeder hat, als mitwirkendes Glied, seinen nothwendigen Antheil an dem geschlossenen Ringe des ganzen Erdsystems".

Dieser Struktur sah er auch den Mikrokosmos unterworfen und suchte das „Totalverhältnis" zwischen Naturraum und Mensch zu verstehen, die Einflüsse des Naturraums auf den Menschen vom Handel bis zur Staatenbildung, von der Mentalität bis zur Religion, als er etwa zehn Jahre später forderte, eine „Entwicklung der Völkerindividualität durch die Naturumgebung" zu untersuchen. Er machte den jungen Altertumsforscher Curtius auf die morphologisch-geologischen Aspekte der griechischen Landschaft aufmerksam und brachte ihm seine Überzeugung von den Beziehungen zwischen Landschaftsformen und Kulturentstehung nahe. Ähnlich den erdumspannenden Strukturen Ritters sah dieser nun die griechische Kultur als Einheit, deren sämtliche Teile und ihr Verhältnis zueinander in Wechselwirkung verstanden werden mussten, gleich ob es sich um Landschaft, Mythos, Kunstwerk oder Wasserversorgung handelte. Das entsprach auf ideeller oder theoretischer Ebene den Veränderungen, welche die Praxis der Klassischen Archäologie durch Curtius im Zuge der Arbeiten in Olympia erfuhr: statt auf separate Denkmäler und Funde achtete man bei der Ausgrabung jetzt auf architektonische Beziehungen und Gesamteindrücke von Städten oder Anlagen und legte anstelle von Einzelmonumenten große Flächen frei.

Die dargestellten Motive der damaligen Ausgräber – Skulpturen zu finden, den Beschreibungen des Pausanias nachzuspüren sowie grundsätzlich die größeren topographischen Zusammenhänge des Fundplatzes zu erfassen – deutlich zu trennen, ist wahrscheinlich weder möglich noch nötig. Erstens konnte eine neue historische Dimension, wie sie die Klassische Archäologie jetzt anstrebte, nicht das plötzliche Ende ihres Interesses am einzelnen Kunstwerk bedeuten. Zwar ging es also um die umfassende Aufdeckung des Heiligtums als historischer Struktur, das hinderte die Archäologen aber nicht daran, dennoch auf reiche Ausbeute etwa an Skulpturen zu hoffen. Zweitens verbanden die zahlreichen mittelbaren und unmittelbaren Teilhaber der Ausgrabungen keineswegs ein einheitliches Ziel mit den Arbeiten in Olympia, sondern stark individuelle Absichten und Wünsche. So betonte Curtius als Wissenschaftler während eines Vortrags vor dem „Wissenschaftlichen Verein“ in Berlin (1879) besonders die Bedeutung eben des Umstands, dass man statt vereinzelter Denkmäler die Glieder eines Ganzen untersucht habe, eine Gruppe zusammengehöriger Anlagen, ein Stück hellenischer Welt. Auch lobte er den historischen Erkenntnisgewinn, „daß wir den Alten selbst den Fuß nachmessen können, der ihren Bauten zugrunde liegt“.

Weniger differenziert sah Bismarck die Resultate. Als Reichskanzler und Außenminister befürchtete er eher, in ein unrentables Unternehmen zu investieren, das aufgrund eines seiner Ansicht nach für Deutschland ungünstigen Vertrages „lediglich im Interesse der Wissenschaft unternommen“ worden sei. Ohne die Aussicht auf Funde schien es ihm 1880 dann auch genug der Wissenschaft zu sein, und er wollte mit entsprechenden Argumenten einen Antrag auf Unterstützung für abschließende Arbeiten ablehnen. Ausschlagge-

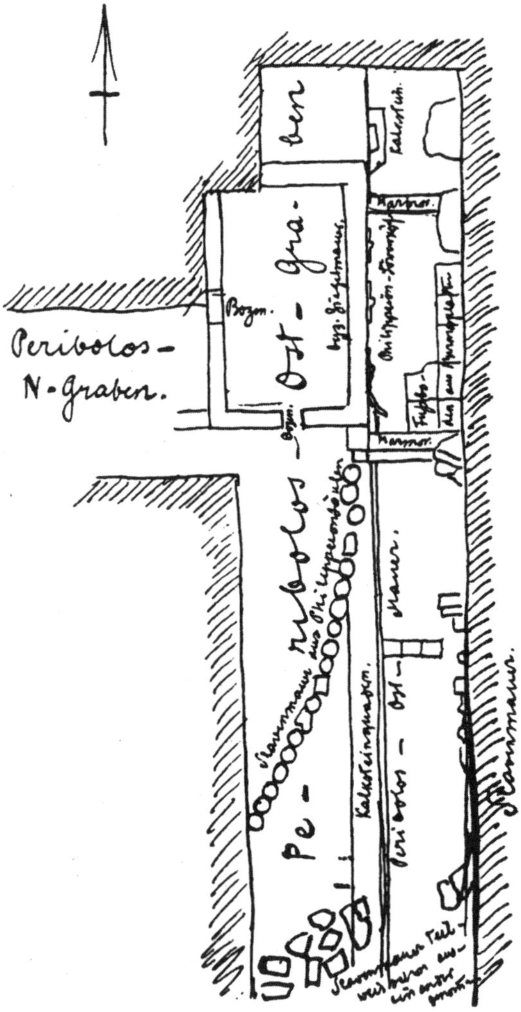

Befundskizze aus dem Grabungstagebuch in Olympia vom 21. 1. 1878.

bend war der Vergleich mit Pergamon, wo, mit Bismarcks Worten, nicht nur das „Interesse der Wissenschaft" bedient wurde, sondern auch reiche Funde für die Berliner Museen gewonnen werden konnten. Von den 900 00 Mark, die Curtius und Adler erbeten hatten, genehmigte letztlich der Kaiser selbst 800 00 Mark für die abschließenden Arbeiten in Olympia.

Auf solche Weise unterschieden sich die Erwartungen, die mit dem Olympia-Projekt verknüpft waren, in Abhängigkeit von Person und Situation. Doch nicht nur im Vergleich zwischen administrativem und akademischem Feld zeigt sich die Ausrichtung uneinheitlich. Auch innerhalb der Forschung spielte gleichermaßen die Suche nach bedeutenden Funden, nach architektonischen Erkenntnissen und nach historisch relevanten Strukturen eine Rolle. Das wirkte sich auch auf die Strategien im Grabungsprozess aus. Dabei wichen die von den Ausgräbern selbst postulierten wissenschaftlichen Ansprüche teilweise von deren eigener Realität ab, etwa als man die Grabungen 1881 maßgeblich wegen Ausbleibens kunsthistorisch wertvoller Objekte einstellte.

Bei der neueren Kritik am Grabungskonzept der Direktoren Ernst Curtius und Friedrich Adler spielen besonders moderne Perspektiven der Archäologie eine Rolle. So wird ihr historisches Herangehen und die dadurch maßgeblich beeinflussten Strategien der praktischen Arbeit als ungenügend kritisiert, da sie die Archäologie letztlich doch nur als Illustrierung oder auch

Verifizierung antiker Beschreibungen eingesetzt hätten. Bereits 1852 hatte Curtius einen Grundriss des antiken Olympia vorgeführt, der anhand von Pausanias' Schilderungen entstanden war. Gut 20 Jahre später tastete sich der Ausgräber mit so genannten „Versuchsgräben, welche von dem Centrum aus strahlenförmig sich ausbreiteten" vom Zeustempel ausgehend im olympische Gelände voran. Die Anordnung dieser Gräben scheinen zu belegen, dass er seine Untersuchungsstrategie unmittelbar nach dem Plan des Pausanias

Curtius' Plan von Olympia vor den Ausgrabungen, 1852 entworfen. Als Grundlage dienten ihm die Schilderungen des antiken Schriftstellers Pausanias.

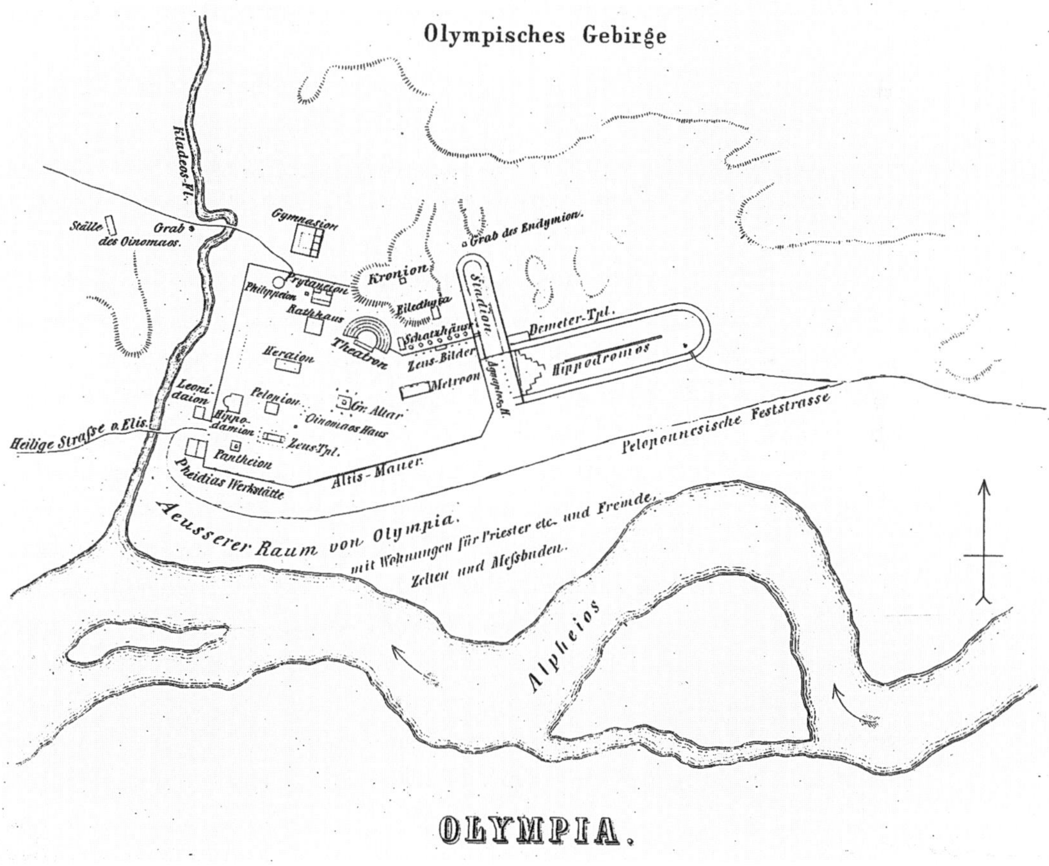

ausgerichtet hatte. Es wird heute entsprechend davon ausgegangen, dass die Archäologen in erster Linie die von Pausanias beschriebenen Gebäude und Objekte freilegen wollten. Adolf Borbein kritisiert, Curtius betone durchaus die gleichwertige Aussagekraft archäologischer Quellen gegenüber der schriftlichen Überlieferung, dadurch sei aber nicht zwangsläufig eine Eigenständigkeit der archäologischen Erkenntnisse akzeptiert. Analog zu Schliemanns Suche nach dem homerischen Troia habe Curtius ein zentrales griechisches Heiligtum, wie Pausanias es als historisch gewachsenes Ensemble erlebte und beschrieb, wieder „ans Licht steigen" lassen wollen. Die Öffnung des Bodens erfolgte also entsprechend nicht nach einer am Gelände ausgerichteten Systematik, sondern wurde an der vermuteten Lage der Bestandteile des ehemaligen Heiligtums orientiert und damit in direkter Weise an der römischen Textquelle.

Ebenfalls kritisiert an den einstigen Untersuchungsverfahren wird heutzutage die mangelhafte Loslösung vom traditionellen Interessenbereich der Archäologie. Diese brachte, besonders bei den architektonischen Einzeluntersuchungen, die Konzentration auf bestimmte antike Phasen mit sich, während man andere vernachlässigte. Bei Ausgrabung der so genannten Phidias-Werkstatt galt das zentrale Interesse zunächst der Darstellung jener Phase, in der der Bildhauer Phidias ab 437 v. Chr. in Olympia gewirkt hatte. Angetroffen wurde der Bau von den Ausgräbern allerdings zunächst in der Gestalt seiner letzten Nutzung rund 1000 Jahre später, nämlich als Versammlungsraum der frühen christlichen Bevölkerung. Auch diesem sakralen byzantinischen Befund räumte man in der Gesamtvorlage der Grabungsergebnisse angemessen Platz ein. Hingegen blieb die noch in der römischen Epoche erfolgte grundlegende Umgestaltung des Gebäudes nahezu unbeachtet. Aus heutiger Perspektive, so sieht es der Archäologe Ulrich Sinn, waren hier die Bauforscher des 19. Jahrhunderts von den Klassischen Archäologen beeinflusst. Letzteren galt nämlich die römische Epoche als Zeit des Niedergangs, oder zumindest bevorzugten sie doch jene Phasen deutlich, die ihnen hochwertige Kunstwerke lieferten. Durch eine solche Selektion, resümiert Sinn, sei eine historische Gesamtwürdigung der antiken Stätte nur bedingt realisierbar gewesen. Die heutige Bauforschung unterscheidet sich denn auch deutlich von einem solchen Vorgehen. Sie sieht eine historische Untersuchung aller Teile mit den Stadien ihrer Erbauung, eventuell erfolgter Reparaturen sowie ihrer Zerstörung vor und betrachtet einen Bau damit als entstehender und dem

Wandel unterworfener Organismus. Demgegenüber galt zu Beginn der olympischen Grabungen neben der Wiedergewinnung des Gesamtbilds der Anlage als wesentliches architektonisches Ergebnis die Rekonstruktion von Bautypen für eine allgemeine akademische Lehre von den Gebäuden. Es stand damit bei der Aufnahme der Gebäude ihr unmittelbares Erscheinungsbild und darüber hinaus die Erstellung einer Gliederung in normierte Typen spezifischer Phasen, also gleichsam eines Kanons, im Vordergrund und nicht die Entwicklung des individuellen architektonischen ‚Organismus'.

Die qualitative Wertung von Funden und Baubefunden hatte in der Klassischen Archäologie lange Tradition und ihren Ursprung bereits in der Winckelmannschen Einteilung einer in Aufstieg, Blüte und Verfall einteilbaren Kunstgeschichte. Den frühen Ausgräbern Olympias wird vor diesem Hintergrund sogar eine zum Teil außergewöhnlich aufmerksame und im Gegenteil dazu unvoreingenommene Perspektive bescheinigt. Besonders ihre Aufnahme frühbyzantinischer Befunde gilt heute als Indiz einer Abkehr der Forscher von der genannten herkömmlichen Beschränkung archäologischen Interesses auf antike Zeitabschnitte. In diesem Zusammenhang fällt die Dokumentation profaner Hinterlassenschaften besonders auf. Denn nicht nur chronologische, auch funktionale Ausschlusskriterien konnten in der Regel bei archäologischen Untersuchungen greifen und dazu führen, dass profanen Bereichen wenig Bedeutung beigemessen und schon gar keine archäologische Arbeitsleistung zugebilligt wurde. In Olympia hingegen erfasste man vom frühbyzantinischen Belegungshorizont nicht nur die genannte Basilika, sondern auch Spuren der zu diesem Zeitpunkt existierenden ländlichen Siedlung. So wurden in Beschreibungen und Skizzen sukzessiv einzelne Mauerteile aufgenommen, die sich im Verlauf zweier Arbeitswochen als „unerwarteter Thatbestand von complicierten byzantinischen Bauten" zu erkennen gaben.

Über diese Einschätzung ging der wissenschaftliche Gewinn allerdings nicht wesentlich hinaus. Zwar erkannte man „eine Kelter im großartigen Stile", in der der gewonnene „Most" durch Löwenköpfe in einen Behälter strömte, wie im Grabungstagebuch von 1878 festgehalten ist. Doch solche Informationen blieben in den Tagebüchern. Da die Spuren der ländlichen Siedlung nämlich grundsätzlich „keine Spur von Luxus oder Wohlstand" zeigten, wurde von den frühbyzantinischen Befunden in der Veröffentlichung nur die Kirche ausführlicher beschrieben. Auch verwendete man im Anschluss an die Grabung offensichtlich keine weitere Mühe darauf, die Sied-

Olympia – Ausgrabungsfeld von Osten 1875/1876. Durch Personen markiert sind unter anderem zwei an ihrer ursprünglichen Stelle befindliche Säulentrommeln des Zeustempels. Im Vordergrund sieht man die Reste der späteren byzantinischen Bauten.

lungsbefunde und -funde weitergehend zu analysieren. Die umfassende Dokumentation der frühen olympischen Grabung hatte somit für die Wissenschaft nur bedingt Konsequenzen, da sie bloß teilweise ausgewertet wurde. Der Rest der Aufzeichnungen verschwand im Archiv, existent, aber nicht aufbereitet und nicht publiziert.

Der erwähnte frühbyzantinische Gebäudebefund wurde in jüngerer Zeit von Thomas Völling als Haus mit vier hintereinander liegenden Räumen

mit Tretkelter, Geschäfts- und Wohnbereich rekonstruiert. Völling wiederum stellt nach Einsicht in das Grabungsarchiv die Dokumentation an dieser spezifischen Stelle als ungewöhnlich ausführlich heraus, und zwar „auch gemessen an der anderer, antiker Bauwerke Olympias". Dieser Umstand relativiert, ja reduziert die Bedeutung dessen, dass die frühen Forscher den architektonischen Rest als spätantiken und noch dazu profanen Befund in für die damalige Zeit herausragend genauer Weise ausgegraben und dokumentiert haben. Wenn die Untersuchung dieses Gebäudes auch im Vergleich mit der anderer, auch antiker Baureste in Olympia als überdurchschnittlich akribisch bezeichnet werden muss, ist die gängige Einschätzung einer grundsätzlich bestmöglichen, antike und byzantinische Reste gleichermaßen berücksichtigenden Vorgehensweise doch offensichtlich zu revidieren. Zwar wurde nicht nach Zeitstellung oder Funktion ausgesondert, es wurden aber dennoch offenbar nicht alle Befunde mit derselben systematischen Sorgfältigkeit untersucht, sondern manche mehr und manche weniger gewissenhaft, unabhängig von zeitlicher und funktionaler Einordnung. Tatsächlich ist es sogar wahrscheinlich, dass die vorgestellte profane Ruine gerade deshalb so präzis untersucht wurde, weil man die Zusammenhänge zunächst nicht verstand. Wenn man die Einzelteile erst sinnhaft ergänzen muss und unklar ist, ob sich das noch Unbekannte als interessant oder vernachlässigbar erweisen wird, liegt es nahe, genauer hinzusehen und zu notieren, um später rückwirkende Überprüfungen vornehmen zu können. Wurde im 19. Jahrhundert ohne nachweisliche Reflektion so verfahren, können solche Überlegungen in modernen Abfassungen zur Baugeschichte nahezu programmatischen Charakter annehmen: „Steine, mit denen man zunächst nichts anfangen kann, sollten als ‚Rätsel' besonders genau erfasst werden," empfahl der Bauforscher Gottfried Gruben im Jahr 2000 in einem einführenden Buch über Klassische Archäologie. Bei Aufdeckung von aus Textquellen, also im Falle Olympias aus den Beschreibungen Pausanias', bekannten Relikten hingegen ist eine stärkere Beschränkung auf erwartete Strukturen bei Ausgrabung und Dokumentation in gewisser Weise konsequent. Die Anlage der bereits erwähnten Suchgräben, die man je nach Fündigwerden oder Misserfolg auch mit gewechselter Richtung oder veränderter Ausdehnung fortführte, scheint diesen Gedanken zu bestätigen.

Subjektive Interessen und einschlägige Ausbildung der Mitarbeiter haben hier nachweislich auch eine nicht unwesentliche Rolle gespielt. So wurde zum Beispiel in der letzten Grabungskampagne von einem dritten Architekten namens Friedrich Graeber die antike Wasserversorgung technisch untersucht, der nicht nur den Verlauf der Leitungen, sondern auch die verschiedenen Formen von Kanälen und Rohren außergewöhnlich gründlich dokumentierte. Graeber war von Beruf Wasserbau-Ingenieur, eine Eignung, die er als spezifisches Interessengebiet in die archäologische Forschung einbrachte. Auf dieses kam er auch später an anderen Orten zurück, wie am Beispiel der Arbeitskampagnen in Pergamon noch zu zeigen ist.

Der Architekt als Archäologe

Wissenschaftliche Beschäftigung mit Steinarchitektur erforderte von jeher ein anderes methodologisches Instrumentarium als die Aufdeckung von Bodenbefunden. Es stand und steht grundsätzlich weniger die Bodenbewegung im Vordergrund, teilweise lagen die Gebäudereste über Jahrtausende sichtbar an der Oberfläche, teilweise mussten sie nur von überlagerndem Schutt oder von Bewuchs befreit werden. Diese Art der Freilegung erfuhr zwangsläufig keine nähere methodologische Betrachtung in den Ausgrabungsberichten, da sie keinen Einfluss auf die Befunde selbst zu nehmen schien. Nachdem die Ruinen freigelegt waren, wurden Grundrisse und Aufmaße *in situ* dokumentiert oder verstreute architektonische Glieder zusammengeführt. Die Untersuchung antiker Architektur durch geschulte Architekten im ausgehenden 19. Jahrhundert gilt als Wende in den Feldmethoden der Klassischen Archäologie. Wie erwähnt leitete sich die Verbindung von Architektur und archäologischer Bauforschung aus dem Studium der Baukunstgeschichte klassizistischer Architekten ab. Diese zählten bereits im 18. Jahrhundert zu den Besuchern antiker Denkmäler, und ihre vielzählig entstandenen Zeichnungen wurden von kunsthistorisch-archäologischer Seite dankbar genutzt. Auch auf Ausgrabungen waren sie zugegen. Am Ende des 19. Jahrhunderts veränderte sich das Verhältnis der Klassischen Archäologie zur architektonischen Profession. Architekten waren nicht länger nur Zuträger graphischer Darstellungen antiker Monumente und Gebäude, sondern leitende Mitarbeiter auf Ausgrabungen. Sie traten als anerkanntes Fachpersonal der archäologischen Wissenschaft neben Althistoriker und Philologen. Dies bedeutete, dass anstelle von Objektinterpretationen oder Ausführungen über die Pracht antiker Formen stärker technische Details wie Messdaten und Fragen zu Baumaterialien in archäologische Berichte Eingang fanden. Auch handelte es sich bei diesen ‚Experten' um akademisch ausgebildete Männer, wo vorher auf Ausgrabungen häufig Laien und ‚Hobbyforscher' die historischen Stätten untersucht hatten – wie etwa Heinrich Schliemann, der mit seinen Methoden entsprechend in die heftige Kritik der Zeitgenossen geraten war. Damit stellte die Veränderung einen wesentlichen Schritt in der Professionalisierung des Ausgrabungswesens dar. Bemerkenswert ist, dass sich die Eindeutigkeit der Forderungen nach Professionalisierung in Bezug auf die ausländischen Projekte wie etwa der Troia-Grabungen deutlich unterschieden von jenen der heimischen Prähistorie. Die Ausgrabungen der Klassischen Archäologie wurden endgültig ausgebildeten Fachleuten überantwortet. Sukzessive Verwissenschaftlichung war ebenso die Folge wie eine gewisse Isolierung der Archäologie, da gebildete Laien in diesem Bereich nicht länger aktive Teilhaber, sondern nur noch Publikum waren.

Diese Tendenzen um die Jahrhundertwende wirken im Rückblick wie der Aufstieg einer neuen Fachrichtung und machen besonders durch die Geschichte bereits zu Lebzeiten berühmter Forscher wie Conze oder Dörpfeld den Eindruck einer früh akzeptierten Profession. Von den Spezialisten der antiken Architektur selbst wurden sie allerdings wenig positiv bewertet. Der Architekt Armin von Gerkan veröffentlichte 1924 einen programmatischen Artikel, in dem er unter anderem den Begriff der ‚archäologischen Bauforschung' einführte und der altertumskundlichen Spezifizierung damit erstmals einen Namen gab. Dieses in seiner Wichtigkeit und nach Zahl der zu untersuchenden Denkmäler auch in seiner Größe in erster Reihe stehende Gebiet der Altertumskunde würde, so Gerkan, von Seiten der Archäologie nur soweit berücksichtigt, „als es ihre dafür unzureichende Ausbildung gestattet". Zwar herrsche in der Archäologie gegenüber den Bauresten eine „notorische Ratlosigkeit", da die Archäologen nicht für die Erfassung und historische Erforschung von Bauten ausgebildet seien, dennoch degradiere die Archäologie die spezifischen Kenntnisse der Bauforscher als von untergeordneter Art und ihre Tätigkeit als vorbereitende Hilfsarbeit. Dadurch erfahre die Bauforschung keine eigenständige Förderung und die spezifische Ausbildung erfolge in erster Linie über das Selbststudium und über persönliche Kontakte in der Praxis. Das Architekturstudium stellte zwar eine Grundlage für den Bauforscher dar, die Möglichkeit zur umfassenden Spezialisierung bot es aber nicht. Auch gab es hunderte von Philologen und Archäologen, die an Universitäten, Museen und Instituten fundierte Stellungen einnahmen, jedoch keine dauernden Stellen für Bauforscher. Zahlreichen Architekten stellte sich nach oft jahrelanger Tätigkeit an einer antiken Stätte das Problem, wieder in den praktischen Bauberuf zurückgehen zu müssen. Richard Bohn, der bei den archäologischen Forschungen in Olympia, Athen und vor allem in Pergamon eine bedeutende Rolle gespielt hatte, sah sich gezwungen, mit Ende des Pergamon-Projekts 1886 nach Deutschland zurückzukehren und wieder als Architekt bzw. als Leiter der Königlichen Baugewerkschule zu arbeiten. Wie viele andere widmete er darüber hinaus – auch das übrigens ein

Kritikpunkt Gerkans – seine freie Zeit unbezahlt der Veröffentlichung seiner frühen Forschungen. Gerkan hegte nur schwache Hoffnung, dass sich die Umstände ändern würden. Er war überzeugt, dass die bestehenden Organisationen der Altertumsforschung keine Absicht hätten, dieses Gebiet der Altertumsforschung anders als bisher zu fördern, anders als durch Werkverträge und projektgebundene Sonderaufträge. Die öffentliche Meinung aber mache keinen Unterschied zwischen Archäologie und Bauforschung, sie verknüpfe mit dem Altertum sogar in erster Linie die Bauten der Athener Akropolis und vom Forum Romanum und bezeichne die Bauforscher kurzerhand als Archäologen.

Obwohl sich also ‚Archäologie-Architekten' innerhalb der Archäologie zunächst lange noch zu technischen Hilfskräften degradiert sahen, wurde ihre Anwesenheit auf Ausgrabungen um 1900 als Garantie für eine fachgerechte Untersuchung angesehen. Der Architekt, dessen Beschäftigung mit antiker Steinarchitektur Tradition hatte, avancierte zum Experten für Ausgrabungsangelegenheiten im gesamten Mittelmeerraum. Bereits Schliemann traf für seine Telluntersuchungen mit Dörpfeld die entsprechende Wahl. In den kommenden Jahrzehnten wurde es zunehmend die Regel, dass Architekten an Grabungen teilnahmen, die Gebäudestrukturen untersuchten. Mit Robert Koldewey, dem Leiter der 1899 begonnen Ausgrabungen der Deutschen Orient-Gesellschaft in Babylon, entstand eine systematische ‚Architekten-Schule', deren Zuständigkeiten längst nicht mehr auf Steinbauten beschränkt waren. So schrieb Max Freiherr von Oppenheim, Entdecker und Ausgräber des aramäischen Guzana auf dem Tell Halaf im nördlichen Syrien, er habe sich für seine Untersuchungen die „bewährten technischen Erfahrungen der bekannten Ausgräberschule des Professors Robert Koldewey zunutze machen" wollen, weshalb er sich „eine seiner besten Kräfte, Dr. Felix Langenegger" gesichert habe und damit seine Grabungen 1911 mit einem ‚Techniker', der Architekt war, begann. In späteren Kampagnen arbeitete von Oppenheim gleich mit einem ganzen Stab von Bauforschern. Ob das ‚Architekten-Fieber' auf die deutsche Vorgeschichte übergriff, oder ob es als Zufall zu betrachten ist, dass selbst Albert Kiekebusch bei den Ausgrabungen der prähistorischen Siedlungsbefunde von Berlin-Buch zahlreiche Architekten beschäftigte, lässt sich nicht abschließend klären.

Ungeachtet der von Gerkan beschriebenen ‚Innenansicht' hatte die regelhafte Mitarbeit von Architekten auf Ausgrabungen antiker Fundplätze am Ende des 19. Jahrhunderts auf diese Weise große methodologische Konsequenzen für die archäologische Feldforschung. Dabei entwickelte sich im Laufe der Jahre eine eigenständige, von der Fixierung auf die reine Architektur abgelöste Perspektive, die verschiedene weitere, für die historische Betrachtung eines antiken Ortes relevante Bereiche in die Untersuchungen einbezog. Individuelle Fähigkeiten und Ausbildungen maßgeblicher Forscher spielten bei dieser Entwicklung eine steuernde Rolle.

Die ‚neue Feldforschung' zeigt vom heutigen Standpunkt aus allerdings auch eine Kehrseite: was um die Jahrhundertwende als methodologischer Fortschritt gelten konnte, führte in Bezug auf die späteren Jahrzehnte aus jüngerer Sicht zu einer gewissen Stagnation. Denn die Professionalisierung war letztlich eine einseitige, da Bauforschung – nicht weniger als die Kunstgeschichte – die Einführung grabungstechnischer Maßnahmen wie die Beobachtung von Fundumständen oder umfassende stratigraphische Untersuchungen vernachlässigen konnte. Stattdessen konzentrierte man sich in diesem Bereich weiterhin auf die Steinkonstruktionen.

Wie bereits angesprochen gilt die Samothrake-Expedition, die Alexander Conze 1873 von Österreich aus durchführte, als wegweisend für die Bedeutung fachkundiger architektonischer Untersuchungen. Der Philologe und Archäologe Adolf Michaelis setzte seinem ehemaligen Reisegefährten – sie gehörten 1859/60 zu den ersten Inhabern des Reisestipendiums des Deutschen Archäologischen Instituts – ein entsprechend theatralisches Verbaldenkmal, als er 1906 rückblickte feststellte: „Fortan mußte es gelten, von vornherein größere Gesamtanlagen nach wissenschaftlichen Gesichtspunkten planmäßig in Angriff zu nehmen. Dazu war vor allem die Mitwirkung geschulter und in der antiken Baukunst wohlbewanderter Architekten notwendig. Der erste, der mit klarer Einsicht diese neue Bahn betrat, war Alexander Conze."

Dass man Zusammenhänge und Strukturen aufzudecken suchte statt vereinzelter Gebäude, war eine Konsequenz veränderter wissenschaftlicher Perspektiven. Eine weitere war, dass die Veröffentlichung der Ergebnisse nicht nur Rekonstruktionen der untersuchten antiken Gebäude enthielt, sondern auch zahlreiche technische Details von einzelnen Bauteilen. Damit wurde jetzt dem konkreten Bau in seiner individuellen Erscheinung zunehmend mehr Aufmerksamkeit geschenkt.

Ernst Curtius hatte sich in einer Beschreibung seiner Reise nach Delphi 1838 angetan darüber geäußert, in Griechenland „mit einem Architekten zu reisen, da man durch Hülfe seiner Kenntnisse und Instrumente leicht zu einer planmäßigen Auffassung des Lokals gelangt". Die Reise wird aufgrund dieser Äußerung des späteren Initiators und Direktors der olympischen Ausgrabungen heute manchmal als eine Art biographischer Impuls für den Einsatz von Architekten als Grabungsleiter in der Altis betrachtet. Allerdings wird man eine solche Note historisch nicht überbewerten dürfen. Immerhin lagen fast vierzig Jahre zwischen der besagten Reise und der ersten Grabungskampagne. Schließlich waren Architekten auf antiker Bildungsreise auch ein typisches Phänomen am Beginn des 19. Jahrhunderts, Curtius erlebte also nichts, was nicht auch anderen altertumskundlichen Forschern zuteil wurde. Den Kontakt mit Friedrich Adler vertiefte Curtius 1871 auf einer Reise nach Kleinasien. Als Bauhistoriker war es jener, der letztlich die Umsetzung des ‚arbeitsteiligen' Anspruchs auf der Grabung übernahm, indem er die entsprechenden Mitarbeiter auswählte. Er gilt in der Fachgeschichte heute als eigentlicher Begründer der historischen Bauforschung als eigenständiger Disziplin.

Nachdem 1875 nach langen Verhandlungen zwischen Deutschland und Griechenland der Vertrag über die Ausgrabungstätigkeiten in Olympia ratifiziert worden war, begann im Oktober die erste der insgesamt sechs jeweils in den Wintermonaten durchgeführten Grabungskampagnen. Die Erforschung von Olympia war das erste wissenschaftliche Großprojekt der Klassischen Archäologie im Mittelmeerraum und zugleich die erste Initiative des noch jungen Deutschen Reiches auf dem Gebiet der auswärtigen Kulturpolitik. Stärker als die in privatrechtlichen Vereinen und Zusammenschlüssen des Bildungsbürgertums organisierte heimische deutschen Prähistorie waren die klassisch-archäologischen Großprojekte des ausgehenden 19. Jahrhunderts durch eine umfassende ideelle und vor allem materielle Unterstützung von oberster Stelle gesichert. Solche Unternehmungen versprachen (und erzielten auch) ein außenpolitisches Prestige, das sich durch heimische prähistorische Forschung nicht in vergleichbarem Maß gewinnen ließ. Das Einsetzen archäologischer Großprojekte im Ausland spiegelt aber auch auffällig Strukturen einer allgemeinen Wissenschaftsentwicklung zu jener Zeit wider. In den Naturwissenschaften arbeiteten viele Experten und Hilfskräften in Großlaboratorien, an Instituten, Akademien und Universitäten, wo hundert Jahre zuvor wenige Gelehrte bestenfalls in kleinen institutionellen Rahmen ihre Forschungen betrieben hatten. In gewisser Weise fand selbst die heimische deutsche Archäologie in der zweiten Hälfte des „Jahrhunderts der Wissenschaften" den Anschluss an die ‚Großwissenschaft': nach der Reichsgründung in Deutschlands 1871 wurde in den 1890er Jahren eine gemeinsame Limesforschung der Länder möglich, die allerdings genau genommen nur räumlich als ‚groß' bezeichnet werden kann, da die (im übrigen ohnehin begrenzte Zahl der) so genannten Streckenkommissare in sehr unterschiedlichen Regionen zwischen Rhein und Donau arbeiteten. Die Reich-Limes-Kommission war somit eher ein archäologisches Netzwerk als die Initiatorin eines tatsächlichen Großprojekts. Die Ergebnisse ihrer Arbeit machten aber deutlich, wie fruchtbar eine solche länderübergreifende Forschung war, eine Erkenntnis, der das Deutsche Archäologische Institut 1902 mit der Gründung der Römisch-Germanischen Kommission mit Sitz in Frankfurt am Main Rechnung trug.

Von der Organisation der Ausgrabungen in Olympia, deren Untersuchungsgegenstand mehrere Meter mächtig von Schwemmsedimenten des Flusses Alpheios bedeckt war und die zeitweise mit beinahe 500 Arbeitskräften durchgeführt wurden, zeigte man sich in einschlägigen Chroniken bis heute beeindruckt. Ohne eine deutliche Strukturierung der Zuständigkeitsbereiche wären Untersuchungen in diesem Umfang vermutlich nicht zu realisieren gewesen. Von Beginn an musste die Grabung in räumlicher Trennung von Grabungsleitung und Feldforschung organisiert werden, da die beiden Wissenschaftler im Direktorium, Curtius als Archäologe und Adler als Architekturhistoriker, die meiste Zeit in Berlin waren. Die Ausführlichkeit der Grabungsdokumentation der ersten Jahre in Olympia, die für ihre Zeit und in ihrer Komplexität als einmalig gilt, ist nicht zuletzt dieser räumlichen Trennung von Grabungsleitung und Feldforschung zu verdanken: neben architektonischen Tagebüchern sind wöchentliche Berichte nach Berlin überliefert. Es handelt sich insgesamt um 6700 Seiten, dazu kommen noch die im Gelände verwendeten Notizbücher und über 1000 separate Skizzen und Zeichnungen.

Auch vor Ort versuchte man, dem Anspruch einer direkten Zusammenarbeit von Archäologen und Architekten gerecht zu werden. Dafür wurde die örtliche Leitung bereits ab der ersten Grabungskampagne doppelt besetzt, in der der Bauführer Adolf Boetticher der architektonisch-technischen Seite des Unternehmens vorstand, der bei Curtius 1870 promovierte Gustav Hirschfeld der archäologischen. Dass sie das gleiche Gehalt von 15 Reichsmark pro Tag bezogen, wird als Indiz dafür gewertet, dass ihre Funktionen gleichrangigen Status genossen. Boetticher wurde im Verlauf der zweiten

Ein Pionier des modernen Grabungswesens – Wilhelm Dörpfeld (1853–1940). Das Foto zeigt ihn in seinen späten Jahren in Olympia (Archiv des Deutschen Archäologischen Instituts Berlin).

Kampagne durch Emil Streichert abgelöst, teils aus gesundheitlichen Gründen, offensichtlich aber auch, weil er in Bezug auf die Genauigkeit der Dokumentation nicht die Erwartungen der wissenschaftlichen Leitung zu erfüllen vermochte. 1877 war Richard Bohn leitender Architekt, im darauf folgenden vierten Grabungsjahr übernahm Wilhelm Dörpfeld diese Position. Er hatte bereits im Jahr zuvor während der dritten Kampagne als Gehilfe Bohns mitgearbeitet. Als Archäologe stand Georg Treu der Grabung vor.

Auf welche Weise die wissenschaftlichen Ansprüche umgesetzt wurden, war in hohem Maß mit dem individuellen Geschick sowie mit Ausbildung und Interessen der Person des Ausgräbers verbunden. Wilhelm Dörpfelds Vorgehen veränderte die Sicht auf die Zusammenhänge klassischer Architektur und wurde offensichtlich den ‚ganzheitlichen' Ambitionen des Grabungsdirektoriums gerecht. Nachdem er 1878 die Leitung übernommen hatte, führte er eine eigenständige trigonometrische Vermessung durch, die künftig als Grundlage für die Grabungspläne verwendet wurde. Auf diese Weise begründete er die örtliche topographische Vermessung neu und machte die Aufnahme unabhängig von jenem Lageplan, den die Engländer Stanhope und Allason 1813 erstellt hatten und der bis zu diesem Zeitpunkt verwendet worden war. Tatsächlich ergaben sich dadurch maßgebliche Veränderungen in einzelnen Distanzen innerhalb des Areals. Die Basis für eine grundlegende topographische Erforschung der antiken Fundstätte war damit gelegt und die olympische Bauforschung entwickelte sich unter Dörpfeld im Folgenden über die schlichte Bestandsaufnahme architektonischer Einzelbefunde hinaus. Zunehmend wurde überdies die architektonische Entwicklung von Gebäuden wichtig, auch das ein mittelbarer Ausdruck der Historisierung der Geisteswissenschaften in der zweiten Hälfte des 19. Jahrhunderts. In der Abkehr vom Bautenkanon und der Hinwendung zu individuellen Phasen der Errichtung und Veränderung zeigte sich die veränderte Haltung, die der Individualität des Fundplatzes und seiner Geschichte Rechnung trug. Dabei gab Dörpfeld der archäologischen Interpretation von Befunddetails zusätzlich maßgebliche neue Impulse. So führte er die unterschiedliche Form der Steinsäulen am Tempel der Göttin Hera darauf zurück, dass die Bauträger ursprünglich hölzerne Teile ersetzten. Auch dass er die durch die Zeit zerflossene Lehmziegelbauweise als solche erkannte, wird ihm als individuelle Leistung angerechnet.

Auf ähnliche Weise trugen andere Grabungsteilnehmer durch individuelle Fähigkeiten und spezifische Ausbildung zur Erweiterung der Untersuchungen und zur Eröffnung neuer Perspektiven bei. Wie meist in Bezug auf wissenschaftliche Perspektiven lagen den Veränderungen allerdings personelle Aspekte nicht als singuläre Faktoren zugrunde. Das Zusammenspiel der Umstände war günstig, als in Olympia 1880/81 die bereits erwähnten Untersuchungen der antiken Wasserversorgung durch den dritten leitenden Architekten Friedrich Graeber vorgenommen wurde. Graeber war wie schon erwähnt Wasserbau-Ingenieur und seine individuelle Ausbildung war nicht ohne Einfluss auf seine archäologischen Interessen geblieben. Dass dieser Zweig archäologischer Untersuchungen gerade durch ihn eine zeitnahe Ausdehnung erfuhr, hing mit zwei weiteren Umständen zusammen: Zum einen waren in den Jahrzehnten um die Jahrhundertwende einige wenige Archäologen an allen wesentlichen deutschen Ausgrabungen maßgeblich beteiligt, wodurch die von ihnen gesetzten Schwerpunkte und Forschungsfragen an die unterschiedlichen Orte ‚gebracht' wurden. Graeber trat als ‚Leitungsspezialist' auch in Pergamon an, um großräumig die antiken Fernwasserleitungen zu erforschen und zu kartieren. Zweitens begünstigte in diesem Zusammenhang wiederum die Orientierung an einem ‚Mikrokosmos Fundplatz' solche Untersuchungen. Bedingt durch diese Interessenlage wurden zu jener Zeit mehr und mehr die natürliche und kulturelle Umgebung einer Ausgrabungsstätte in die wissenschaftlichen Betrachtungen einbezogen.

Das Grabungsfeld in Pergamon. In einer zeitgenössischen Skizze (1879) sind neben den Grabungsarbeitern und einigen bereits freigelegten Ruinen die im 19./20. Jhd. üblichen Besucher auf einer Grabung zu erkennen.

An den Veröffentlichungen der Pergamon-Grabungen zwischen den späten 1870er Jahren und den Anfängen des 20. Jahrhunderts lässt sich diese Ausweitung des Forschungsinteresses besonders deutlich ablesen. Die Ausgrabungen, die unter der technischen Leitung des Bauingenieurs Carl Humann zwischen 1878 und 1886 durchgeführt wurden, trugen noch stark ‚objektorientierte' Züge. Entsprechend verweist ein Brief, in dem Conze dem Pergamon-Ausgräber bereits 1878 die Zusammenarbeit mit einem „speziell an der Antike gebildeten" Architekten empfiehlt darauf, dass bei Humanns eifriger Suche nach Reliefplatten für die nichtmateriellen wissenschaftlichen Anliegen Vernachlässigung zu befürchten war. Humanns Arbeitsberichte handeln denn auch in erster Linie von der Suche nach Skulpturen und Inschriften und vom Freilegen der antiken Ruinen. Zwar hatte er bereits in den sechziger Jahren geographische Forschungsreisen nach Kleinasien unternommen, ein Einfluss solcher Interessen auf seine archäologischen Arbeiten ist aber nicht erkennbar. Berichte der späteren Grabungskampagnen zeichnen sich demgegenüber durch einen mehr und mehr erweiterten inhaltlichen Forschungsradius aus, etwa mit fortgesetzten Abhandlungen über die Untersuchung des pergamenischen Naturraums und seiner Geologie und über Fundplätze der Umgebung. Richard Bohn erklärte 1889, je mehr in dem Fortgang der Arbeiten in Pergamon das so eigenartig geformte alte Stadtbild aus den Trümmern heraus wieder neue Gestaltung gewänne, desto lebhafter sei der Wunsch geworden, nach verwandten Ruinenstätten in der Umgegend zu forschen, weshalb man an arbeitsfreien Tagen die Gegend erkundete. Zum einen hoffte man dabei auf vergleichbare Einzelbefunde zum besseren Verständnis des in Pergamon Angetroffenen, darüber hinaus suchte man Anhaltspunkte für Erkenntnisse über „die Gesamtordnung" zu gewinnen. Auch Details über die Wasserleitungen wurden zunehmend zum selbstverständlichen Bestandteil der Berichterstattung.

Dass man sich so in den Jahrzehnten um 1900 mehr und mehr für die Gesamtheit des Fundplatzes als Lebensraum interessierte, lässt sich sicher nicht primär auf das Credo Conzes zurückführen, nachdem man wie bei einer antiken Statue auch bei einer antiken Stadt nicht nur den Kopf ausgraben dürfe, es hingegen auf die Erforschung des Ganzen ankomme. Zumal der inzwischen zum Leiter der Athenischen Abteilung des Deutschen Archäologischen Instituts berufene Conze bereits die Grabungen unter Humann wissenschaftlich betreut hatte, die wie gezeigt einer etwas anderen Philosophie folgten. Die veränderte Haltung zu archäologischen Forschungen wurde durch keine eindeutige und singuläre Zäsur ausgelöst, hingegen lässt sich eine sukzessive Ausdehnung dessen konstatieren, was inhaltlich und technisch zu einer Ausgrabung gehörte. Bereits unter Humann begann Graeber das Leitungssystem zu beschreiben, ein ‚funktionaler' Forschungsaspekt, dessen Berücksichtigung eben bald keine Besonderheit mehr war, sondern selbstverständlich dazugehörte und großräumig erfolgte. Wie schon in Olympia, so wurden jetzt auch in Pergamon intensive naturräumliche Untersuchungen durchgeführt, und in der antiken Stätte selbst, in der man sich bis dahin auf die Erwerbung von Funden konzentrierte hatte, legte Dörpfeld seit 1900 Baukomplexe am unteren Abhang des Berges frei wie das Haupttor der hellenistischen Stadtmauer, ein Bürgerhaus und die Untere Agora, um mehr von der architektonischen Struktur der Stadt zu verstehen.

Die systematische Zusammenarbeit von Archäologie und Bauforschung in Olympia hatte für die Organisation der späteren Grabungen auf klassischem Boden richtungweisenden Charakter. Auch bei den deutschen Unter-

Säulen in Priene.

nehmungen in Pergamon, Priene, Milet und Samos waren Architekten in leitender Funktion tätig. Besonders im Hinblick auf die Abkehr von Fundbergung und isolierter Gebäudeaufmessung als primären Arbeitszielen, beziehungsweise auf die Ausweitung der ‚Zuständigkeitsbereiche' der Feldforschung, waren die wissenschaftlichen Interessen Einzelner von Bedeutung. Dass diese mehr oder weniger individuellen Schwerpunkte unter den Ausgräbern kommuniziert wurden, war nicht zuletzt der Teilnahme und dem Einfluss Weniger auf vielen Grabungen zu verdanken. In Olympia wirkten in unterschiedlichen Positionen Ernst Curtius, Friedrich Adler, Richard Bohn und Wilhelm Dörpfeld, letzterer zunächst als Schüler von Bohn, später als Leiter der Grabungen. Alexander Conze prägte als Generalsekretär des Deutschen Archäologischen Instituts die Arbeiten in Pergamon, wo Carl Humann, Dörpfeld und Theodor Wiegand tätig waren. Wiegand ging 1895 nach Priene, wo er den krankheitsbedingt verhinderten Carl Humann in der Leitung der Ausgrabungen vertrat. Adler war Bohns Lehrer im Architekturstudium gewesen, was dessen Lebensweg entscheidend geprägt hatte und ihn letztlich nach Olympia, Athen und 1879 als Bearbeiter der Architekturfunde nach Pergamon führte. Aus der dortigen Zusammenarbeit mit Humann entwickelte sich eine nachhaltige Freundschaft. Die Verquickung der beruflichen Laufbahnen war, um es bei diesen Beispielen zu belassen, in der Klassischen Archäologie besonders stark, da die Archäologen teilweise gleichzeitig, teilweise nacheinander, an denselben Fundplätzen arbeiteten. Während die Archäologen der heimischen Prähistorie sich größtenteils zunächst auf lokal begrenzte ‚Ausgrabungsreviere' im Bereich ihrer Wohnorte spezialisierten und sich auf Tagungen und über Zeitschriften austauschten, zwang die Auslandsforschung die Klassischen Archäologen oft an dieselben spezifischen Orte.

Es stellte also keinen plötzlichen Umschwung in der Archäologie vor 1900 dar, dass man statt isolierter Monumente und Funde jetzt Baukomplexe freilegte, funktionale Systeme wie Wasserleitungen untersuchte und die kulturelle ebenso wie die naturräumliche Umgebung berücksichtigte. Der Einfluss eines durch Kulturgeographie und Historismus allgemein veränderten Kulturverständnisses erhöhte auch an den Stätten der Antike am Ende des 19. Jahrhunderts die Bedeutung des singulären Fundplatzes als individuellem historischen Zeugnis von Kultur und hob die Erforschung von zeitlichen Entwicklungen einer Stätte und ihrer Gesamtheit im Sinne eines lebensräumlichen Mikrokosmos gegenüber monochrom erfassten isolierten Bauten und Funden hervor. Wie selbst das Beispiel Humanns zeigt, der eher zufällig nach Abbruch seines Studiums an der Berliner Bauakademie aus gesundheitlichen Gründen ans Mittelmeer gekommen war, spielten darüber hinaus persönliche Ausbildung und Interessen der Ausgräber in ihrem Zusammenwirken eine große Rolle: Humann, der ohne archäologische Vorbildung die Ausgrabungsleitung in Pergamon übernahm, verfolgte stärker das Interesse herkömmlicher Fundbergung. Graeber setzte seine Ausbildung archäologisch um und untersuchte Wasserleitsysteme. Curtius war stark durch Ritters Kulturgeographie inspiriert und versuchte, den Mikrokosmos einer Stätte zu ergründen. Auf ähnliche Weise trugen Wiegand und Dörpfeld dazu bei, dass die Bauforschung der Archäologie zunehmend eine historische Wissenschaft wurde. Dabei erfuhr der Untersuchungsbereich der Antike nicht nur räumliche und funktionale Ausdehnung, man löste sich überdies immer mehr von der zeitlichen Beschränkung interessierender Epochen. Hatte Wiegand als Klassischer Archäologe bei seinen Ausgrabungen in Milet ab 1899 zunächst zweifellos das archaische Groß-Milet im Sinn, so legte er dennoch zunächst die

In Milet führte der französische Archäologe Olivier Rayet 1873 erste archäologische Untersuchungen durch. Eine systematische Großgrabung im antiken Stadtgebiet leitete ab 1899 Theodor Wiegand im Auftrag der Berliner Museen.

weniger spektakulären Reste der hellenistisch-römischen Stadt ebenso umfassend frei wie die späteren Phasen des christlichen und des islamischen Milet. Dass sich eine Untersuchung über „Die Milesische Landschaft" anschloss, war zu jener Zeit bereits selbstverständlicher Bestandteil der Fundplatzuntersuchung geworden.

Auch die Öffentlichkeit erreichte die stärker professionalisierte Perspektive auf die Gegenstände der Archäologie im 20. Jahrhundert. Am 3. März 1911 erklärte der Abgeordnete Dittrich in der Budgetkommission im Deutschen Archäologischen Institut, durch die Ausgrabungen in Priene erfahre man zum ersten Mal etwas über eine ‚echtgriechische Stadt'. Habe bislang Pompeji als einziges Beispiel einer antiken Musterstadt gegolten, so stehe jetzt ein griechisches, 300 Jahre älteres Stadtgebilde in Priene klar vor Augen. Zudem müsse man den Arbeiten auf Samos ein, so Dittrich, „warmes Interesse" zuwenden, da damit wieder ein wertvolles Glied in der Reihe der Arbeiten Wiegands geliefert werde, die auf Schaffung eines großartigen Gesamtbildes der ionischen Kultur von den ältesten bis zu Zeiten der römischen Herrschaft ausgehe. Dreißig Jahre nach Bismarcks Berechnungen zur Fundrentabilität in Olympia weisen diese Worte deutlich darauf hin, dass auch in politischen Kreisen zunehmend ein geschichtliches Verständnis für die Untersuchung antiker Stätten Einzug hielt.

„Tiefgrabungen" – Mit dem Spaten am Tempel?

Aus dem herkömmlichen Untersuchungsbereich der Klassischen Archäologie resultierte, dass man sich anhaltend auf das Befundmaterial Stein konzentrierte. Nachgrabungen, also direkte Bodeneingriffe, erfolgten vor dem letzten Drittel des 19. Jahrhunderts nur höchst selten. Wo man sie durchführte, zielten sie auch in späteren Jahren noch in erster Linie darauf ab, Mauern bis zu deren Basis zu verfolgen. Für darüber hinausgehende Bodenuntersuchungen sind zunächst die Ansätze Wilhelm Dörpfelds in Olympia bekannt geworden, die dazu beitragen sollten, die historisch-chronologische Entwicklung des Heiligtums zu verstehen. Bereits unter der Leitung von Gustav Hirschfeld waren hin und wieder schriftliche Darstellungen von Schichtbefunden angefertigt worden. Wiederum im Bereich des Heratempels bemühte man sich durch „Tiefgrabungen", die Fundamente des Baus genauer zu erfassen. Dabei wurde auch der Aufbau der um den Tempel freigelegten Schichten untersucht und nachträglich eine Zeichnung angefertigt.

Aus der Lagerung der Schichten rekonstruierte man zeitliche Abfolgen und funktionale Befunde, wie im genannten Fall die Reste eines frühen Altars. Über Fragen zur Baugeschichte hinaus wurde die Stratigraphie als Möglichkeit verstanden, Kleinfunde wie Schmuck oder Werkzeuge relativchronologisch zu sortieren. Die allgemeine Charakterisierung oder Datierung abgrenzbarer Schichten und die relativchronologische Zuordnung von Funden aufgrund ihrer vertikalen Position erfolgte dabei durchaus unter wissenschaftlichen Vorbehalten. Der Bearbeiter der Kleinfunde, Adolf Furtwängler, führte 1879 dazu aus, die Schichten seien nur selten so klar voneinander zu scheiden, dass sich eindeutige chronologische Bestimmungen daran knüpfen ließen. Auch seien sie vielfach durch die lange Dauer der Belegung des Areals durch jeweils spätere Eingriffe gestört, weshalb das vereinzelte Vorkommen spezifischer Funde nur sehr bedingt chronologisch interpretiert werden dürfe. Auch betont er, dass genaue Einzelbeobachtungen während der Grabung nur in Ausnahmefällen gemacht worden seien, denn „um solche bei der Ausdehnung der Ausgrabung konsequent und überall auszuführen, wäre ein großes und dafür eigens geschultes Personal und ein langsames, vorsichtiges Abheben aller einzelnen Schichten nötig gewesen, was die Verhältnisse nicht gestattet haben".

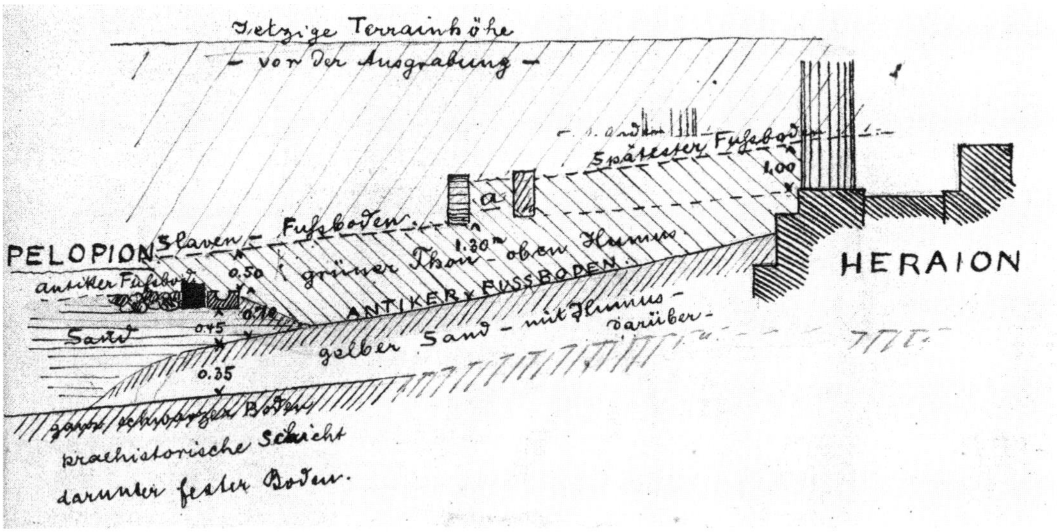

Skizze der Erdschichten zwischen Heraion und Pelopion. Aus Tagebuchaufzeichnungen Dörpfelds von 1880.

Damit tritt auch hier – ähnlich bei den Arbeiten an Grabhügeln in Deutschland – das Phänomen auf, dass Erkenntnisse über die wissenschaftlich erforderlichen Maßnahmen mit den infrastrukturellen Möglichkeiten im Widerstreit stehen konnten, was in der Regel zu ungunsten der Arbeitsmethode ausging. Ein publizierter Bericht aus dem fortgeschrittenen 20. Jahrhundert zeichnet sich nicht zwangsläufig durch die Übereinstimmung von Konzept und Ausführung aus – man sähe ihm eine solche Diskrepanz nur weniger an. Im Verlauf der 20. Jahrhunderts perfektionierte die archäologische Wissenschaft ihre Glaubwürdigkeit auf methodischer Ebene so weit, dass bei nicht besonders gut umgesetzten Grabungskonzepten oft eher rückwirkend eine Anpassung von Ausgangssituation und Ergebnis formuliert würde, als dass man eine wissenschaftlich ungenügend eingestufte Vorgehensweise thematisierte. Diese Entwicklung entspricht, wie an anderer Stelle bereits ausgeführt, der Darstellung von wissenschaftlicher Arbeit auch in anderen Disziplinen. In Olympia hing auch in diesem Bereich offensichtlich viel von einem persönlichen Verständnis von Genauigkeit oder von der Bedeutung ab, die der einzelne Berichterstatter den Funden zusprach. Furtwängler vermerkte über die Aufzeichnungen in den Tagebüchern zum Beispiel, namentlich in den von Georg Treu verfassten sei auch den kleineren Funden eingehende Beachtung zu teil geworden. Für den Katalog der Bronzefunde benutzte Furtwängler die Inventare der Funde und die archäologischen Tagebücher, um alle vorhandenen Informationen einarbeiten zu können, wobei wie von ihm selbst bemängelt nur selten nähere Angaben zur ursprünglichen Position der Kleinfunde gemacht werden konnten. Sein Ansatz bleibt jedoch bemerkenswert, vor allem, da er für die Gliederung der Funde an erste Stelle Lagekriterien und nicht typologische Kriterien setzte: „Um historische Gruppierung in diese Funde zu bringen, benutzen wir als erste sichere Basis die Art der Fundschicht selbst, in welcher sie zu Tage kamen".

In dieser intensiven Beschäftigung mit stratigraphischen Fragen blieb die frühe Olympia-Forschung ein Ausnahmefall der Klassischen Archäologie. Mit einer heftig geführten und über den Tod Furtwänglers hinausreichenden Kontroverse zwischen ihm und Dörpfeld über das Alter Olympias rückte die Stratigraphie zu jener Zeit in eine zentrale Position der Methoden der Erkenntnisgewinnung. Andernorts dominierte ausschließlich der oberirdische Steinbefund die Untersuchungsstrategie, arbeitstechnische Rücksicht galt Mauerzügen und Säulenbasen, weniger Bodenschichten und der wissenschaftlichen Untersuchung ihres Inhalts.

Trotz der von ihm angeleiteten Beobachtungen von Bodenbefunden auf der Grabung selbst war auch für Dörpfeld die Stratigraphie allerdings kein von der Situation unabhängiges Werkzeug wissenschaftlicher Erkenntnis. So legte man in Olympia nicht zum Beispiel regelmäßig Profile an, sondern untersuchte Bodenschichten zunächst, um bestimmte Gebäudefundamente besser zu verstehen. Wie die Äußerungen von Furtwängler belegen, erfolgte dabei auch eine Lageerfassung von Funden nur sporadisch. In dieser Hinsicht war die ‚Tiefgrabung' eher eine Ausweitung bekannter Verfahren als eine methodologische Wende hin zur Stratigraphie. Es handelte sich mehr um eine im wahrsten Sinn des Wortes vertiefte, eine eigentlich historischere Bauforschung, die sich an neuralgischen Stellen nicht mehr mit den überirdischen Resten architektonischer Anlagen begnügte, aber eben um Bauforschung. Entsprechend spielten Maßnahmen zur gezielten stratigraphischen Beobachtung in Olympia auch in späteren Kampagnen nicht wirklich eine Rolle. Auf ähnliche Weise verdeutlicht der Bericht über eine wesentlich frühere Grabung in Griechenland, warum eine Profilzeichnung nicht gleich-

Blick auf den Parthenon von der Propylea: Edward Dodwell, 1821.

bedeutend mit Stratigraphie als Methode ist. Von 1834 bis 1836 führte der Archäologe Ludwig Ross, zu jener Zeit Oberkonservator der griechischen Altertümer, Ausgrabungen auf der Akropolis in Athen durch. Bei der Untersuchung des Parthenon-Unterbaus stieß er mehrfach auf Schichten, deren Beschaffenheit ihn interessierte. 1855 fasste er unter anderem die Ergebnisse eines auch graphisch dargestellten Profils im Bereich zwischen Südostecke des Tempelunterbaus und der Burgmauer zusammen. Man hatte einen Untersuchungsschacht bis zum Felsen hinab gegraben, „um auch hier die Beschaffenheit des auf ihm gelagerten Erdreichs kennen zu lernen“. Es bot sich Ross folgendes Bild: nachdem die oberste, also jüngste Schuttschicht abgetragen worden sei, habe sich eine Ablagerung von Poros- und Marmorsplittern gezeigt, die auch größere und kleinere Blöcke des anstehenden Felsens beinhaltet habe. Eine nach Angaben Ross' sechs bis acht Fuß mächtige Abfolge, die er auch erklären kann: „Die Art der Lagerung erklärte ihre Herkunft; die Porossplitter kamen von den Quadern der Substructionen, die

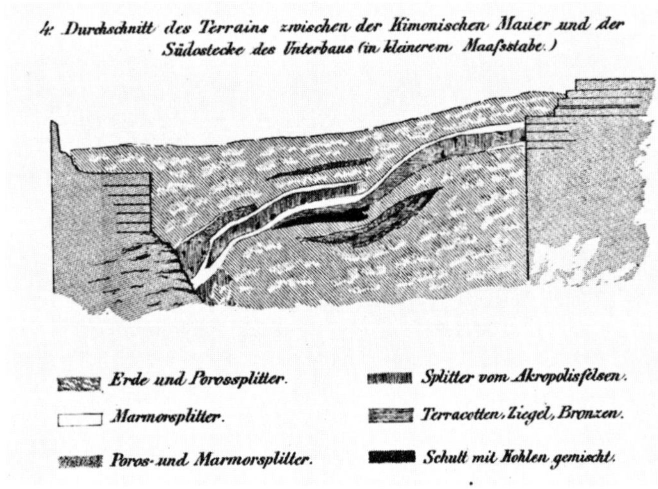

1835 von Ludwig Ross festgehaltene Stratifikation zwischen dem Unterbau des Parthenon und der Burgmauer auf der Athener Akropolis.

Marmorsplitter von der Cannelirung der Säulen des Parthenon und der Bearbeitung seiner übrigen Werkstücke, die Trümmer vom Burgfelsen endlich von der Wegsprengung und Ebnung der an der N.O.Ecke des Tempels zu Tage ausgehenden Felsfläche".

Die Lagerungsverhältnisse dieser verschiedenen Trümmer gewährten nach Ross eine neue Bestätigung der von ihm aufgestellten Annahme, dass der östliche Teil des Unterbaus des Parthenon auf eine Länge von etwa 50 Fuß „ein späterer Ansatz an die Substructionen des alten Hekatompedos", also an den Unterbau des alten Athena-Tempels sei. Bei der Planung dieses Neubaues habe hier das alte Erdreich weggeräumt werden müssen, und man habe die so entstandene Tiefe im Altertum mit dem gewonnenen Bauschutt wieder ausgefüllt. Die unter dieser Abfolge liegende, in der Zeichnung in dunkler Kreuzschraffur dargestellte „etliche Fuss starke Erdschicht", die mit Holzkohlen und verschiedensten, vom Feuer beschädigten architektonischen Fragmenten und anderen Funden vermischt angetroffen wurde, interessierten ihn nur insofern, als er ihr die Objekte entnahm. Die relativchronologische Situation der von ihm beobachteten Stratifizierung nutzte Ross im Hinblick auf bauhistorische Ereignisse, nicht aber für eine zeitliche Ordnung von Funden. Grundsätzlich ging es auch Ross ähnlich wie Dörpfeld nicht um die Stratigraphie als einer von der Befundsituation unabhängig anzuwendenden Grabungsmethode. Beide untersuchten, dokumentierten und interpretierten

Schichtabfolgen, die für sie im Zusammenhang mit spezifischen architektonischen Fundamenten interessant waren.

Es steht nicht zur Debatte, dass etwa Ross eine in seiner Zeit einzigartige und aus späterer Sicht auch ‚vorausschauende‘ Information erfasste und vermittelte, zumal in der Art der Information die eigentliche Bedeutung seiner Arbeiten auf der Akropolis deutlich wird. Entgegen der bereits beschriebenen Tradition des 18. und teilweise 19. Jahrhunderts ging es ihm nicht nur darum, Beispiele herausragenden antiken Kunstschaffens zu dokumentieren, sondern die historische Überlieferung der Fundstätte zu erfassen. In Bezug auf die Interpretation von Schichtabfolgen ist seine Darstellung dabei als isolierter Einzelfall zu werten, der mit vergleichbarem Informationsgehalt für die Erforschung der Antike erst im späten 19. Jahrhundert die Beobachtungen von Giuseppe Fiorelli in Italien und Conze, Curtius und Dörpfeld in Griechenland und Kleinasien zur Seite gestellt werden können. Ihre Arbeiten schufen die Grundlage einerseits für den stratigraphischen Blick innerhalb der ‚klassischen‘ Bauforschung, aus dem etwa eine Schichtenlehre auch für Bausubstanzen wie Putz- und Farbschichten resultierte, andererseits auch für die erweiterte Beachtung von Bodenbefunden an antiken Fundplätzen. Dennoch bedeutete die ‚Tiefgrabung‘ weder zwangsläufig die Anlage eines Profils noch die gezielte Aufnahme einer Schichtabfolge, sondern zunächst einfach einen Bodeneingriff, mit dessen Hilfe man das ‚Darunter‘ ergründen wollte. Bei solchen Bodenuntersuchungen wurden stratigraphische Beobachtungen nur teilweise vorgenommen, in Abhängigkeit von der jeweiligen Situation und der Arbeitsweise des Archäologen. Als Beginn einer Stratigraphie im Sinne regelhafter Methode im Arbeitsbereich antiker Architektur können sie mit Sicherheit nicht gewertet werden.

Diesen Anblick bieten die Reste von Schliemanns Arbeit heutigen Besuchern: südlicher Teil des sogenannten „Schliemanngrabens“, den der Ausgräber um 1870 durch die Schichten aller Siedlungsphasen graben ließ (Foto: Gisela Eberhardt).

5

Tellsiedlungen und Zeitrechnung

Hochgewohnte Stadt. Schliemanns erste Ausgrabungen in Troia

Waren in der heimischen prähistorischen Forschung lange antike Schriftsteller zitiert worden, um die Glaubwürdigkeit eines archäologischen Befundes für die Öffentlichkeit zu erhöhen, so ließ sich doch die unmittelbare Verbindung einer archäologischen Entdeckung mit einer Textquelle nur in den seltensten Fällen belegen. Ganz anders verhielt es sich mit den Plätzen der klassisch-archäologischen Forschung, die häufig direkt aus antiken Angaben und Beschreibungen bekannt waren. Wie im vorigen Kapitel ausgeführt, ließen sich die Ausgrabungsstrategien an einem Ort durchaus danach ausrichten, was aufgrund spezifischer epischer Schilderungen zu erwarten war. Das lässt sich zwar nicht verallgemeinern, grundsätzlich gilt aber, dass man sich entsprechender Texte für die archäologische Forschung bediente, wo sie verfügbar waren. Die tradierte Beschreibung eines vergangenen Raumes oder Ortes und seiner Bevölkerung weckte leichter eine historische Neugier als namenlose Ruinen, und umgekehrt erhöhte sich das Interesse an einer Schilderung, wenn ihr Schauplatz in der realen Welt geortet werden konnte. Das galt besonders in dieser von einer solchen historischen (oder besser gesagt historistischen) Neugier grundlegend geprägten Zeit. So schwärmte in einem Vortrag über Schliemanns Ausgrabungen etwa Heinrich Lindenschmit, der Neffe des berühmten Prähistorikers und Museumsdirektors Ludwig Lindenschmit, im Jahr 1878: „Die alten Märchen von versunkenen Städten mit ihren Riesenpalästen und Tempeln, ihrem im Schoß der Erde

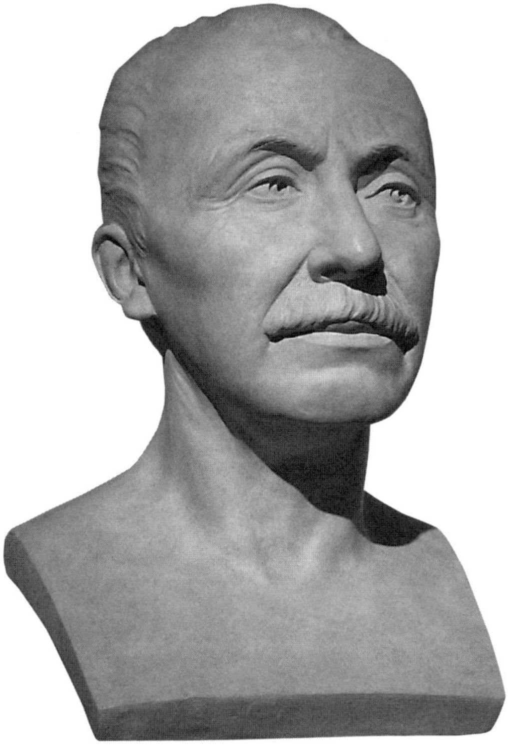

Heinrich Schliemann. Gipsreplik des Marmorporträts aus Schliemanns Athener Wohnsitz (Foto: Andreas Praefcke).

geborgenen Schätzen von Kleinodien, Gold- und Silbergeräthe und blinkendem Waffenschmuck, sind zur Wahrheit geworden in diesem unserem Jahrhundert der Ausgrabungen."

Auf diese Weise gründete die vermutlich berühmteste Untersuchung einer kleinasiatischen Tellsiedlung auf schriftlicher Basis. Im April 1870 begann Heinrich Schliemann mit ersten Ausgrabungen auf dem Hügel Hissarlik in der Westtürkei, der bis heute als der historische Ort der antiken Siedlung Troia gilt. Seine Motivation und sein Ziel waren, das in Homers „Ilias" beschriebene Troia zu finden. Der „Nord-Süd-Graben", den er auf der Suche nach der rund 1500 Jahre vor seiner Zeit beschriebenen Stadt durch den Burgberg ohne Rücksicht auf dessen Schichtung bis auf den Fels hinunter graben ließ, erlangte als Beispiel für geradezu unlautere archäologische Methoden eine unrühmliche Bekanntheit bereits unter Zeitgenossen. Fast hätte er 1873, ohne den Nachweis des antiken Troia, die Grabungen beendet, als er den als „Schatz des Priamos" berühmt gewordenen Fund machte.

Daraufhin wollte er erst recht die Arbeiten einstellen, da ihm Homers Epos durch den Fund bewiesen und seine eigene Aufgabe somit erfolgreich erledigt schien. Über das Areal, das er für die von ihm aufgedeckte antike Stadt hielt,* schrieb er abschließend 1873, es tue ihm leid, „einen so kleinen Plan von Troja geben zu müssen, ja, ich hätte gewünscht ihn tausendmal größer machen zu können; aber die Wahrheit geht mir über alles, und ich freue mich, durch meine dreijährigen Ausgrabungen, wenn auch nur in verkleinertem Maßstab, das homerische Troja aufgedeckt und bewiesen zu haben, daß die Ilias auf wirklichen Tatsachen basiert ist". Er änderte später seine Meinung und führte ab 1878 weitere Grabungskampagnen auf dem Burgberg durch, vermutlich nicht zuletzt aufgrund des Drucks der archäologischen und historischen Fachöffentlichkeit, die seinen Schatzfund nicht als abschließenden datierenden Beweis akzeptierte.

Die Nachforschungen nach einem aus historischen Quellen bekannten Ort, wie Schliemann sie in den 1870er Jahren begann, unterscheiden sich zunächst nur wenig von der Suche nach Funden im Sinne früherer, einseitig ‚schatzgräberisch' orientierter Ausgrabungen, als es sich eben auch um die gezielte und eindimensionale Suche nach etwas sehr Konkretem handelte. Doch man kann Schliemann durchaus eigenständige wissenschaftliche Progressivität attestieren. Die Tatsache, dass sich die späteren Kampagnen in methodischer Hinsicht wesentlich von den Untersuchungen der ersten Jahre unterschieden, wird allerdings meist überwiegend dem Einfluss von Rudolf Virchow und Wilhelm Dörpfeld zugeschrieben. Der Prähistoriker Joachim Herrmann bezeichnet Schliemann aus heutiger Sicht gar als Wegbereiter der Archäologie, da bei seinen Untersuchungen auf dem Hissarlik von Anfang an die Bedeutung des einzelnen Funds hinter seiner historischen Absicht zurückgetreten sei. Die Funde habe Schliemann dem historischen Gesamtziel untergeordnet, sie seien nicht primäres Ziel seiner Arbeiten gewesen. Im Hinblick auf methodologische Aspekte wie stratigraphische Studien oder die Einbeziehung des Umlands waren die Ansätze Schliemanns wegweisend für eine historisch-archäologische Forschung. Ziel war nicht in erster Linie die bereits aus schriftlichen Quellen bekannte Geschichte zu illustrieren, sondern zu Erkenntnissen über bisher nicht bekannte historische Perioden beizutragen.

* Nach Erkenntnissen der heutigen Troia-Forschung konnte er im Hügelinnern gar nicht auf Schichten der von ihm gesuchten Zeit stoßen.

Damit erfolgte ein wesentlicher Schritt der Emanzipation der Archäologie von der Textquelle also gerade an jenem Ort, der die große öffentliche Aufmerksamkeit seiner Entdeckung und Ausgrabung mit solcher Betonung einem antiken Text verdankte. Zwar hatte die europäische Vorgeschichtsforschung die Bedeutung einer Archäologie ohne Schriftquellenbezug durchaus belegt und zitierte zum Zeitpunkt von Schliemanns Forschungen in Troia auch nicht länger mehr oder weniger unspezifische antike Texte, um die Akzeptanz ihrer Ergebnisse zu erhöhen. Doch es war ja gerade die Tatsache, dass die Grabungen auf dem Hissarlik zunächst von der Suche nach einer berühmten, episch überlieferten Stätte motiviert waren, die ihnen langfristig eine unvergleichliche Aufmerksamkeit verschaffte. Diese Aufmerksamkeit dehnte sich auch auf die Entdeckungen aus, die jenseits der ‚trojanischen' Funde auf und in dem Hügel gemacht wurden. Schliemann selbst betonte nicht nur seine historischen Absichten, in dem er dezidiert darauf verwies, dass seine Ausgrabungen nicht auf plastische Kunstwerke gerichtet seien, sondern ausschließlich der Auffindung Stadt Troia gelten. Er war insofern auch textunabhängig an der Archäologie des Ortes interessiert, als er an diesem Ziel nicht festhielt, nachdem die Grabungen zunächst nichts zutage förderten, was ihm Hoffnung darauf machte, es zu erreichen. Schon Ende 1871 schrieb er, wenn er Troia nicht finden sollte, „dann würde ich doch überaus zufrieden sein, wenn es mir nur gelänge, durch meine Arbeiten bis in das tiefste Dunkel der vorhistorischen Zeit vorzudringen und die Wissenschaft zu bereichern durch die Aufdeckung interessanter Seiten aus der urältesten Geschichte des großen hellenischen Volkes. Die Auffindung der Steinperiode, anstatt mich zu entmutigen, hat mich daher nur noch begieriger gemacht, bis zu der Stelle vorzudringen, die von den ersten hierher gekommenen Menschen betreten worden ist, und ich will bis dahin gelangen, sollte ich selbst noch 50 Fuß zu graben haben."

Dass der gesuchte Ort spektakulär und die Person des Ausgräbers umstritten oder sogar fragwürdig war, trug dazu bei, dass die Arbeiten in der Troas sowohl von der nichtarchäologischen Öffentlichkeit als auch von der Archäologie in außergewöhnlich großem Umfang rezipiert wurde. Dadurch prägten sie das Bild der Archäologie in späteren Jahren zwangsläufig stärker als andere, weniger beachtete Unternehmungen, und zwar nicht nur in Bezug auf sämtliche Ergebnisse, sondern auch auf methodische Aspekte.

Leben am Rande der Grabung: Magazine und Wohnhaus Schliemanns vor dem Hintergrund der Troas und des Hellespont. Heinrich Schliemann, Ilios. Stadt und Land der Trojaner, Leipzig 1881.

Troia, Babylon und Assur um 1900: Methoden der Tellgrabung

In seinem 1984 erschienenen Bericht über die Stratigraphie des Tell Kămid el-Lōz im Libanon legt der Ausgräber Rudolph Echt einen forschungsgeschichtlichen Überblick über die relativchronologischen Untersuchungen an Tellsiedlungen im 19. und 20. Jahrhundert vor. Besonders wichtig ist es ihm dabei, die Vermischung von empirischen mit spekulativen Grundlagen in der frühen Tellforschung aufzuzeigen. Anhand von Beispielen führt er Erkenntnisprinzipien vor, die man heute als unangemessen bezeichnen muss. Die auf der Basis von antiquierten Erkenntnisprinzipien gewonnenen Forschungsergebnisse darf man nach Meinung Echts in der modernen Forschung nicht mehr unreflektiert akzeptieren.

Wesentliche Impulse für die Stratigraphie als archäologische Forschungsmethode für chronologische Aspekte gingen am Ende des 19. Jahrhunderts von der Tellforschung aus. Die Schichtpakete der ‚hochgewohnten' Hügelstädte im anatolisch-ägäischen Raum waren als Siedlungsrückstände in Struktur und Mächtigkeit ohne Vergleich. Die deutliche Stratifizierung von Tellsiedungen ergibt sich aus der Beschaffenheit der einstigen Häuser. Sie waren aus luftgetrockneten Lehmziegeln auf Steinfundamenten errichtet. Wenn Neubauten fällig wurden, planierte man jeweils die alten, hinfälligen Gebäude ein und errichtete die neuen Gebäude auf dem Schutt der vorangegangenen. Dadurch entstanden immer mehr übereinander liegende Schichten von Siedlungsschutt und bildeten die charakteristische Hügelform der Tells.

In Anlehnung an die geologische Chronologiekonzeption wurde häufig den Funden, also dem Schichtinhalt, signifikante Bedeutung für eine relative Zeitmessung zugesprochen. In diesem Zusammenhang gesteht die Archäologiegeschichte Schliemann eine Schlüsselrolle zu, wobei es nicht ganz zutreffend ist, dass er bereits vor 1874 einen systematischen Zusammenhang zwischen Keramik beziehungsweise Funden auf der einen und Schichten auf der anderen Seite herstellte, wie der Troia-Ausgräber Manfred Korfmann einmal angedeutet hat. Schliemann notierte lediglich die Tiefe der Scherben und Funde in Metern und machte einzelne, willkürliche Beobachtungen wie: „übrigens beweisen die Topfscherben, daß es selbst im Zeitabschnitt der Trümmer in 4 Meter Tiefe schon gutes Küchengeschirr gab". Dabei brachte er die Schichtung des Hügels durchaus mit verschiedenen Besiedlungsphasen in Verbindung, wenn er etwa in Bezug auf bestimmte Metallartefakte anführte, er fände sie „in Mengen in den Schuttschichten zwischen 4 und 7 Meter Tiefe und muß daher entschieden dem Volk, welchem diese Strata von Ruinen zugehören, den Gebrauch von Kupfer zusprechen".

Auch über die zeitliche Bedeutung der Stratifizierung war er sich grundsätzlich im Klaren: „Die Schuttschichten in dieser Ausgrabung liegen alle horizontal, was keinen Zweifel übrig läßt, daß sie sich im Laufe der Zeit allmählich angehäuft haben."

Er nahm jedoch zunächst keine Spezifizierung oder Hervorhebung der individuellen Straten vor, sondern maß die Tiefe der Gegenstände einzeln

Keramische Funde aus Troia, abgebildet im „Atlas trojanischer Altertümer" von 1874. Neben jedem Gefäß ist auf der Tafel die Tiefe in Metern angegeben, in der es gefunden wurde.

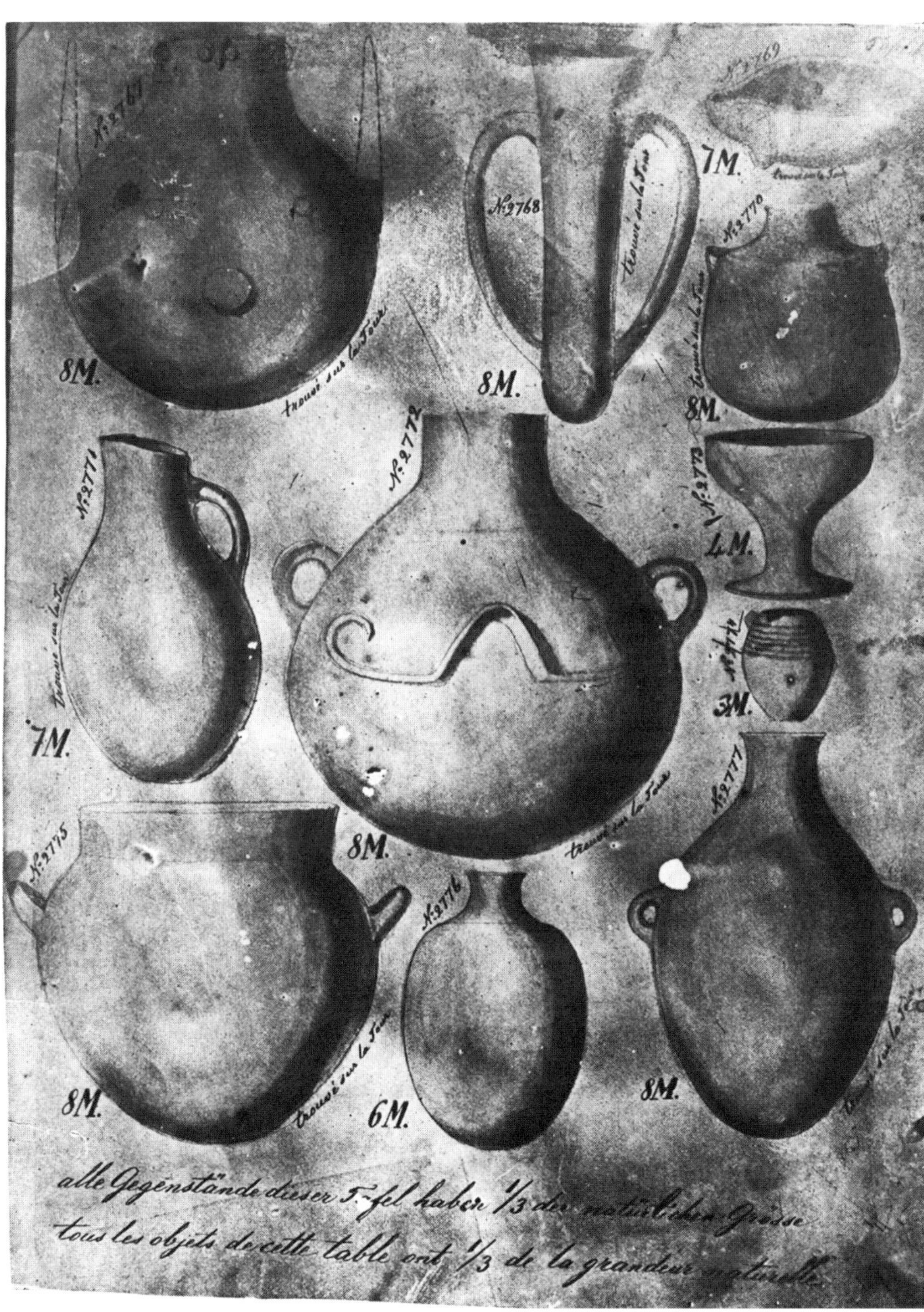
No 2768
7M.
No 2770
8M.
8M.
8M.
No 2771
No 2772
4M.
3M.
7M.
No 2777
No 2775
8M.
No 2776
8M.
6M.
8M.
alle Gegenstände dieser Tafel haben 1/3 der natürlichen Grösse
tous les objets de cette table ont 1/3 de la grandeur naturelle

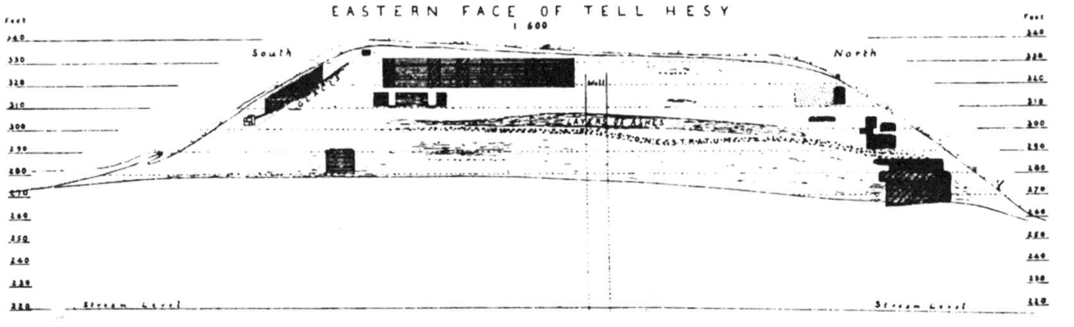

Profil des Siedlungshügels Tell el-Hesi von 1890, nach William Matthew Flinders Petrie.

und strukturierte somit die Stratifikation des Hissarlik nicht nach ihrem Schichtaufbau, sondern nach Funden und deren Tiefe.

Eine Periodisierung ausschließlich auf der Basis von Keramik-Typen ohne Berücksichtigung stratigraphischer Aspekte, also der Schichtenabfolge, führte der Engländer Sir Flinders Petrie 1890 in Südpalästina am Tell el-Hesi durch. Die Ostseite des Tells war vom Fluss abgespült und so war hier auf natürliche Weise ein Profilschnitt entstanden. Zwar erstellte Petrie eine Profilzeichnung, um die Konturen der angetroffenen Lehmziegelmauer zu dokumentieren, auf die Angabe von Schichten verzichtete er dabei aber weitgehend.

Aufschlussreich ist die Tatsache, dass Petrie allerdings zwei Schichten dezidiert beschreibt und abbildet: eine Ascheschicht, die er als Verwehung von Rückständen deutete, die bei der Salzgewinnung aus Pflanzenasche angefallen seien, und eine Schicht aus Geröllsteinen, die seiner Ansicht nach eine Zeit repräsentierte, in der statt mit Lehmziegeln mit Steinen aus dem Flussbett gebaut worden sei. Er dokumentierte also nur, was er interpretieren konnte – er ‚sah', was er wusste. Damit blieb die Beobachtung von Schichten im oben genannten Sinne passiv, da die Interpretation des Hügelaufbaus in seiner Schichtung kein Ziel der Untersuchung war, sondern die Darstellung der Schichten eher ein Nebenprodukt anderer Interessen darstellte. Die Berücksichtigung von Schichten bezog sich an dieser Stelle zudem ausschließlich auf funktionale Aspekte, eine relativchronologische Interpretation erfuhren sie nicht. Hingegen datierte und periodisierte Petrie am Tell el-Hesi, unabhängig von einer Schichtenbeobachtung, allein aufgrund typologischer Kriterien einer von ihm erstellten Keramikabfolge, in der er vier Klassen unterschied. Aus der Mächtigkeit der die entsprechenden Keramikarten führenden Ablagerungen und einigen bekannten absoluten Daten ermittelte er einen mittleren Abstand von 650 Jahren als gleichbedeutend mit 32,5 Fuß. Mit dieser Methode errechnete er anhand der Hügelhöhe einen Siedlungsbeginn um 1670 v. Chr.

Berechnungen dieser Art hatte Schliemann nach seinen Erfahrungen bei den Ausgrabungen in Troia zu Beginn der 70er Jahre aus kulturgeschichtlichen Gründen als völlig unrealistisch erachtet und er schrieb: „und eben weil wir uns keinen Begriff davon machen können, wie diese Nationen gewirtschaftet und welche Kalamitäten sie zu ertragen gehabt haben, können wir unmöglich nach der Dicke ihrer Trümmer die Dauer ihrer Existenz auch nur annähernd berechnen". Schliemann hatte ja die Tiefe der Funde von der Hügeloberfläche aus erfasst. Seine Perspektive unterschied sich zu diesem Zeitpunkt jedoch insofern nicht von der Petries, als er ebenso ausschließlich die Keramik – wenn auch in ihrer Tiefenlage – berücksichtigte, den Erdschichten aber keine Beachtung schenkte.

In Fachkreisen blieb Schliemanns wissenschaftliche Reputation zunächst gering, doch änderte sich das mehr und mehr, nachdem ihn die renommierte englische Gesellschaft für Altertumsforscher, die „Society of Antiquaries", 1875 zu einem Vortrag über seine Untersuchungen eingeladen hatte. Dort erhielt er auch die Empfehlung, sich in methodischen Fragen an Rudolf Virchow zu wenden. Virchow war es dann auch, der später die Ergebnisse Schliemanns in deutschen Fachkreisen publik machte und ihn als Forscher verteidigte. Die Troas besuchte der Arzt 1879, also in Schliemanns zweitem Jahr der Wiederaufnahme der Grabungen auf dem Hissarlik. Nach seiner Rückkehr nach Deutschland erstattete er im Rahmen der Versammlungen der „Berliner Gesellschaft für Anthropologie, Ethnologie und Urgeschichte" in zwei ausführlichen Vorträgen Bericht. Die archäologische Situation am Hissarlik sei einzigartig aufgrund der übereinander liegenden und in sich verschiedenartigen Stratifikationen, die ihrer ganzen Beschaffenheit nach einen wiederholten Wechsel der Bevölkerung bekunden würden. Es ließe sich die Dauer der Schichtungen nicht berechnen, zumindest nicht „nach bestimmten Jahreszahlen, aber wir gewinnen doch einen chronologischen

Anhalt durch das eingeschlossene Material, welches in reicher Fülle vorhanden ist".

Allerdings, ergänzte Virchow seine Ausführungen zur Chronologie im zweiten Vortrag, habe sich gerade durch die Grabungen dieses Jahres die bis dahin gehegte Vermutung, dass alle Schichten horizontal fortliefen, als irrig erwiesen, ebenso wie die Vorstellung, dass wenn man einen gewissen Horizont, also eine gewisse Höhe, erreiche, „man damit sofort die Schicht bestimmen könne, wohin das einzelne Fundstück gehöre". Von der erfassten Tiefe eines Fundes in Metern habe man angenommen, „dass sie sofort die Schicht anzeige, welcher das Stück angehöre". Es sei nun aber mit Sicherheit festgestellt worden, dass „die blosse Horizontierung nicht ausreichte, um die Zugehörigkeit der einzelnen Schichten zu bestimmten chronologischen Gruppen zu bezeichnen".

Vielmehr sei es notwendig geworden, durch „ausgedehntere Grabungen" umfangreiche Erörterungen über die Höhenverhältnisse der einzelnen Schichten zu ermöglichen.

Virchow machte deutlich, dass die Einmessung der Funde, wie Schliemann sie in seinen ersten Ausgrabungskampagnen vorgenommen hatte, zu einer Gliederung des Burgbergs nach nachträglich aus der Tiefenlage vergleichbarer Funde abgeleiteten Schichten geführt hatte. Eine solche Vorgehensweise wurde verworfen, nachdem man festgestellt hatte, dass die Schichten nicht streng horizontal verliefen. Bemerkenswert ist, dass auch diese Erkenntnis nicht aus Beobachtungen an der Schichtung, sondern ausschließlich über typologische Erkenntnisse gewonnen worden war: man hatte vergleichbare Funde auf zwei unterschiedlichen Höhenniveaus geborgen. Dass sie zeitgleich sein mussten, verriet ihr Äußeres, also musste offensichtlich der Schichtverlauf von der geraden Horizontlinie abweichen – vorrangig orientierte man sich bei chronologischen Fragen an der Homologie von Fundgegenständen.

Die Ergebnisse, die in der Publikation dieses zweiten Schliemann'schen Grabungszyklus der Jahre 1878 und 1879 dargestellt sind, zeigen deutlich, dass sich das Interesse vom Fund auf die funktionale Interpretation der Hügelstratifizierung verlagert hatte. „Ilios. Stadt und Land der Trojaner" hieß der Bericht, der 1881 erschien und ein Vorwort von Rudolf Virchow enthielt. Gleich eingangs, zwischen Vorrede und Inhaltsverzeichnis, wurde ein Stratendiagramm abgebildet, das schematisch Befundschichten und kul-

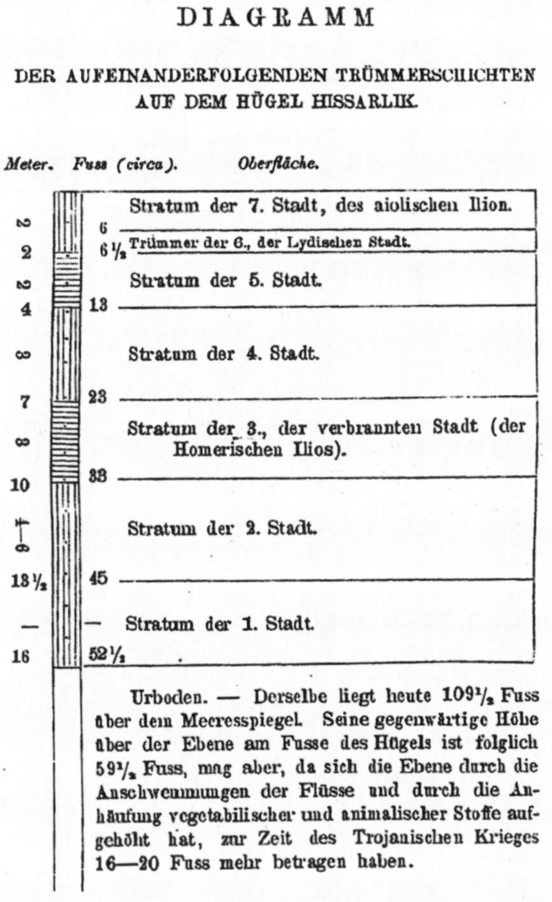

Schematische Darstellung der Stratifikation des Hissarlik in Heinrich Schliemanns Buch „Ilios. Stadt und Land der Trojaner" von 1881.

turgeschichtliche Entwicklungen parallelisierte, indem es ein „Stratum der 1. Stadt", ein „Stratum der 2. Stadt", ein „Stratum der 3., der verbrannten Stadt (der Homerischen Ilios)" und dergleichen ‚Stadtstraten' mehr auswies. Virchow betont in seiner Vorrede zur Ilios-Monographie den Unterschied zwischen relativer (die er „Reihenfolge" nennt) und absoluter Chronologie (die er als „Chronologie" bezeichnet). Die einfache Untersuchung des Burgbergs weise mit vollständiger Genauigkeit die Aufeinanderfolge der Ansiedlungen nach und somit, welche Schicht älter und welche jünger sei.

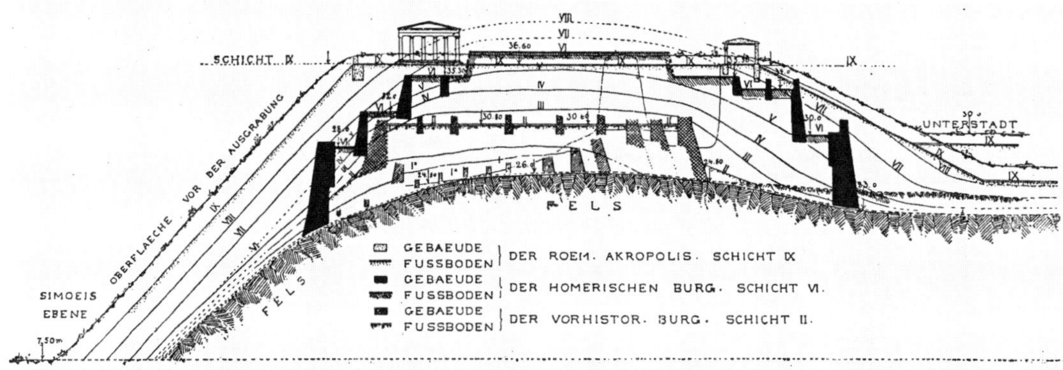

Figur 6. Schematischer Durchschnitt durch den Hügel Hissarlik mit Angabe der neun verschiedenen Schichten.

Schematische Darstellung der Stratifikation des Hissarlik von Wilhelm Dörpfeld 1902.

Auch Schichtungen innerhalb solcher Straten, unterschieden nach ihrer Beschaffenheit, gingen nun als schematische Darstellungen in den Grabungsbericht ein. Die bildliche Präsentation von Schichten verweist darauf, dass ihnen jetzt eine wissenschaftliche Bedeutung zugemessen wurde. Mit der physischen Schicht rückten die funktionalen und kulturgeschichtlichen Strukturen der Tellsiedlung in den Vordergrund wie Bauten und Städte. Damit trat die Schicht als Befund neben den Fund als aussagefähiges Zeugnis vergangener Kultur. In Troia wurde die Darstellung der Stratenabfolge später durch Wilhelm Dörpfeld verfeinert und ‚entschematisiert'. Dörpfeld arbeitete ab 1882 für Schliemann in Troia und führte nach dessen plötzlichem Tod 1890 die Grabungen fort.

Anders als Petrie (und Schliemann Anfang der 1870er) bezogen um die Jahrhundertwende bereits die meisten Ausgräber von Tells dezidiert stratigraphische Überlegungen in ihre Arbeiten mit ein. Schichten wurden dabei entweder über ihren Fundinhalt definiert und zeitlich eingeordnet oder als kulturhistorische Einheiten, als Bauensembles beziehungsweise als Städte begriffen. Kurz nach Flinders Petrie kam dessen Schüler Frederick Jones Bliss statt über das Fundmaterial über die Stratifikation zur relativchronologischen Unterteilung des Tell el-Hesi. Jedes Stratum betrachtete er dabei als Stadt,

Wilhelm Dörpfeld (links unten, stehend) und Heinrich Schliemann (vor Dörpfeld, sitzend) am Löwentor (ca. 1885).

setzte acht Schichten mit acht Bausphasen gleich und definierte ‚Schicht' damit in der oben genannten Weise in einem historisch-funktionalen Sinn als ‚Bauschicht'. Eine Spezifizierung der Schichtbeschaffenheit hielt er dabei nicht für nötig und stellte nur die unterschiedliche Mächtigkeit der Schichten dar, Farbe oder Konsistenz des Materials in den Straten gab er nicht an. Dass er wie vor ihm Schliemann dabei einfach davon ausging, dass eine Siedlung stets komplett zerstört und anschließend ganz neu errichtet wurde, kann man als Verquickung empirischer Verfahren mit spekulativen Annahmen bezeichnen. Dieser Schliemannschen „Gedankenkonstruktion" von kompletten übereinander errichteten Städten folgten auch andere Ausgräber, zum Teil bis weit in die 1920er Jahre. Die Schicht war hier definiert als Zusammenstellung von Gebäuden, die – nach Vorstellung der Ausgräber – zur gleichen Zeit existiert hatte und war somit allein abhängig von der Evidenz architektonischer Ensembles.

Auch an anderen Stätten dominierten architektonische Fragestellungen, waren die Methoden archäologischer Feldforschung lange deutlich geprägt von einem Fokus auf Gebäude und Gebäudeensembles. Ähnlich wie für die Untersuchung antiker Steinarchitektur wird zwar heute auch für die Tellforschung die Zeit um 1900 als wegweisend betrachtet, und zwar ebenfalls zunächst vor allem hinsichtlich der veränderten Ausgrabungsziele. In deren Zentrum stand nun auch hier der wissenschaftliche Erkenntnisgewinn deutlich über dem bloßen Sammeln materieller Denkmäler für die europäischen Museen. Allerdings waren mit dieser dem veränderte Zugang der Klassischen Archäologie vergleichbaren neuen Ausrichtung methodisch ebenso ähnliche Unzulänglichkeiten verbunden. Die berühmten Grabungen in Babylon, Assur, Uruk-Warka und Tell Halaf, untersucht mit den Methoden der ‚Koldewey-Schule' des Architekten Robert Koldewey, sind so einerseits auch heute noch als „herausragende Leistungen auf dem Gebiet der archäologischen Feld- und Bauforschung" einzuschätzen, wie es der Vorderasiatische Archäologe Jürgen Bär formuliert. Andererseits war Koldewey ähnlich wie Dörpfeld eben Bauforscher und entsprechend stark architektonisch geprägt waren die Fragestellungen und Methoden, die bei seinen ‚Expeditionen' und denen seiner Schüler an den genannten Fundplätzen zum Tragen kamen.

Damit ist es sicher kein Zufall, dass gerade Ausgräber wie Koldewey oder Walter Andrae, der von 1903 bis 1914 die Ausgrabungen in Assur leitete, so erfolgreich in der Erforschung von Lehmziegelarchitektur waren. Man kann vermutlich davon ausgehen, dass sie als Architekten leichter Gebäudestrukturen auch aus fremdartigen Rückständen heraus zu ‚lesen' verstanden als Ausgräber anderer Berufsgruppen. Allerdings richteten sie nicht aufgrund dieser Spezialisierung ihr Hauptaugenmerk in den mesopotamischen Tellsiedlungen auf die großflächige Freilegung architektonischer Zusammenhänge – wie es den Zielen etwa der Grabungen in Olympia am Ende des 19. Jahrhunderts entsprach. Dieser Forschungsfokus ging auf Kosten einer systematischen Untersuchung älterer Schichten, denn es wurde in der Regel als wichtiger erachtet, einmal freigelegte Architekturkomplexe zu erhalten, als tiefer liegende Bereiche auszugraben. Man ließ für bewahrenswürdig erachtete Befundkomplexe stehen und arbeitete sich weitgehend nur an solchen Stellen in tiefere Lagen vor, an denen keine Baureste anstanden. Koldewey störte schon der Gedanke daran, wie ein systematisches Abtragen die Ruinen verunstalten würde, „daß ich mich bisher immer noch gescheut habe, diese Arbeit auszuführen“. Eine solche Haltung weist darauf hin, dass Koldewey die Tell-Befunde aus seiner an Steinbauten gewonnenen Erfahrung heraus betrachtete. Denn für die Lehmziegelarchitektur sind derlei ästhetische Rücksichten eigentlich nicht von dauerhaftem Nutzen: durch die Ausgrabung der Witterung ausgesetzt, verfallen sie ohnehin im Laufe der Zeit. Aus an Stein geschulter Perspektive sah offensichtlich auch Walter Andrae auf die orientalischen Ruinen, als er im Bewusstsein ihrer Vergänglichkeit beklagte, dass „keine Macht sie so wird erhalten können, daß man jederzeit an ihnen nachzuprüfen vermöchte, was wir beim Ausgraben gesehen haben.“ Andrae gab jüngeren, vollständigeren Gebäuden ebenfalls den Vorrang und arbeitete sich, wie er 1904 betonte, seinerseits häufig nur „unter Berücksichtigung und Erhaltung“ der aufgedeckten Strukturen in tiefere Bereiche vor. Die Ziegelbefunde wurden von den Ausgräbern also zunächst aus der Perspektive des von ihnen Gewohnten, nämlich der Steinruinen der klassischen Antike, betrachtet und gehandhabt. Durch bereits Bekanntes näherte man sich an das Neue an, eine eher intuitive Vorgehensweise, die auch in anderen archäologischen Bereichen griff, wie ja zum Beispiel der Blick auf die Pfahlbauforschung im 19. Jahrhundert gezeigt hat. Auf diese Weise bildete sich vielerorts eine Tellarchäologie heraus, die in ihrer Fokussierung auf Architektur tatsächlich weitgehend vergleichbar mit der Klassischen Archäologie jener Zeit war. Als ähnlich mangelhaft aus heutiger Sicht können die Beobachtung von Fundumständen und die Untersuchung stratigraphischer Situationen abseits von eindeutigen Gebäuderesten angesehen werden. In Assur wurden Keramik und andere Kleinfunde ausschließlich in ihrem jeweiligen Lagebezug zu einem Gebäude oder Bauzustand registriert, von Architektur unabhängige eindeutige Schichtzuweisungen und Höhenangaben machte man kaum.

Im 19. und frühen 20. Jahrhundert wurden im Vorderen Orient Schichten also entweder nach ihrem (keramischen) Inhalt oder als zusammengehörende architektonische Strukturen beziehungsweise Städte definiert. Zunächst hielt sich der Gedanke, dass alle baulichen Glieder der einzelnen aufeinander geschichteten Städte, also etwa alle Gebäude, zeitgleich zusammen errichtet worden und später auch vergangen waren. Diese Vorstellung wich im Laufe des 20. Jahrhunderts einer differenzierteren Sichtweise.

Grundsätzlich waren Tellsiedlungen für ein Verständnis der komplexen Abfolge archäologischer Fundstätten aus Nutzung, Verfall und Wiedernutzung gewissermaßen besonders geeignet, da sie mit ihren mächtigen Stratifizierungen auch für die zunächst ungeübten Augen der frühen Forscher oft sehr anschauliche Schichtabfolgen zeigten. Sowohl was chronologische als auch was funktionale Einsichten in den Erkenntniswert archäologischer Stratifizierung betraf waren sie damit für die weitere Entwicklung der archäologischen Forschung von großer Bedeutung.

Straten als Daten. Die chronologische Bedeutung von Schichten

Veränderung als Zeitmaß sei das Grundprinzip archäologischer Relativchronologie – so bringt der Archäologe Wolfram Schier in einem Artikel über Tellstratigraphie die Basis der nicht absoluten zeitlichen Ordnung archäologischer Wissenschaft auf den Punkt. Neben der (Artefakt-)Typologie und den ebenfalls am Fundgut durchgeführten kombinatorisch-seriellen Verfahren findet dabei vor allem die Stratigraphie als Methode der Erforschung zeitlicher Zusammenhänge Anwendung. Stratigraphie bezeichnet grundsätzlich die Untersuchung und Interpretation von Schichtabfolgen,* und beruht auf dem Grundgedanken, dass wenn zwei Schichten übereinander liegen, die untere zuerst entstanden und damit älter, die obere folgerichtig später entstanden und deshalb jünger sein müsse.

Zahlreiche Studien zur archäologischen Feldforschung sowie zu ihrer Geschichte haben allerdings gezeigt, dass diese Methode sehr unterschiedliche Facetten hat und hatte. Besonders die Anlehnung an eine geologische Schichtidee wurde in der zweiten Hälfte des 20. Jahrhunderts grundlegend kritisiert und überholt mit der Begründung, dass die archäologische Stratifikation keinen regelmäßigen Gesetzen folgt und ein oft unterstellter Informationsgehalt über zeitliche Dauer oder Distanz nicht wirklich aus ihrer Beschaffenheit abgeleitet werden kann. Die archäologische Schichtung ist

* Durchaus wird ‚Stratigraphie' allerdings auch synonym mit der Schichtenabfolge selbst verwendet, was verwirrend sein kann und hier zugunsten der Bezeichnungen ‚Stratifikation' oder ‚Stratifizierung' vermieden wird.

Ausgrabungen in Troia um 1890.

anthropogen und unterliegt damit nicht selbstverständlich geologischen Gesetzen, die auf Regelhaftigkeit und großräumiger chronologischer Vergleichbarkeit beruhen. Ähnliches gilt für Artefakte. Sie werden von Menschen hergestellt, aufbewahrt, verloren und entsorgt, und sie durchlaufen somit weder evolutionäre Prozesse als Spezies noch einen festen Lebenszyklus als Einzelobjekt. Anders als die Fossilien der Geologie eignen sie sich daher nicht zur eindeutigen Identifizierung von Straten. Gilt damit heute, dass in relativchronologischer Hinsicht der Abfolge von Schichten auch deren Inhalt unterzuordnen ist, so war für die frühen stratigraphischen Einsichten aber gerade das klassische, geologisch geprägte Schichtenmodell von Bedeutung.

Interessant ist weiterhin die Frage, welche erkenntnistheoretische Grundlage die jeweilige stratigraphische Richtung bestimmt. Daraus resultiert nicht zuletzt die Definition von stratigraphischer Einheit, die entweder durch materielle Beschaffenheit, durch typologische Merkmale des eingeschlossenen Fundmaterials oder durch historisch-funktionale Kriterien auf sehr unterschiedliche Weise festgelegt werden kann. Ob man unter einer Schicht also einen „Boden"-Befund einheitlicher innerer Struktur – abstrakt auf die

Lagerung von Materialeinheiten bezogen – versteht oder eine Ablagerung, die sich durch die Zusammensetzung gleichförmigen Fundmaterials auszeichnet oder aber eine historisch-funktionale Struktur wie eine Bauphase, ist im Hinblick auf Methoden und Ergebnisse von wesentlicher Bedeutung. Auch die Verwendung des Terminus „geologisch" ist übrigens bis heute im Zusammenhang mit Schichtbeschreibungen in der Archäologie uneinheitlich. Eine wesentliche Unterscheidung erfolgt häufig zwischen „natürlichen Schichten" und „Kulturschichten", wobei manche Autoren natürliche Schicht grundsätzlich mit geologischer Schicht gleichsetzen und andere nur verfestigte Gesteinsschichten als geologische Schichten betrachten. Dritte lehnen eine Unterscheidung zwischen natürlich und anthropogen entstandenen Schichten bei der Befundaufnahme als interpretativen Schritt grundsätzlich ab und bezeichnen zunächst alle am Fundplatz auftretenden Schichten als „Geologische Horizonte" und nummerieren sie in der Reihenfolge ihrer Ablagerung von unten nach oben durch.

Auch ist es ein Unterschied, ob ein Grabungsteam stratigraphische Beobachtungen am Fundort durchführt oder im Anschluss an die Arbeiten im Feld stratigraphische Überlegungen an der Dokumentation durchführt. Wieder eine andere Situation ist gegeben bei einer aktiven Ausrichtung der Vorgehensweise an stratigraphischen Belangen, also einer explizit stratigraphischen Ausgrabungsmethode.

„Das Füllhorn archäologischer Weisheit"

Tatsächlich spielte Stratigraphie im archäologischen Kontext als Bereich der wissenschaftlichen Fragestellung erst gegen Ende des 19. Jahrhunderts wirklich eine Rolle. Die Grundlagen für die ‚Verzeitlichung' archäologischer Objekte und Phänomene waren zu diesem Zeitpunkt bereits ein Jahrhundert alt: geologische Erkenntnisse hatten es zunächst erlaubt, den Zusammenhang zwischen Lagerungsverhältnissen und chronologischer Ordnung zu verstehen. Auch für die Paläolithforschung wurde die Verbindung von Position und Chronologie ihrer Funde früh programmatisch, besonders da man den Inhalt einer Schicht als zusammengehörig und somit als weitgehend zeitgleich betrachtete. Als ‚Initialzündung' dieser Erkenntnis wird in der Regel der Fund des Engländers John Frere angeführt, der 1797 in einer Kiesgrube bei Hoxne in der englischen Grafschaft Suffolk paläolithische Faustkeile und Tierknochen in der untersten Schicht einer ungestörten archäologischen Stratifikation entdeckte. Wesentlich ist, dass ihn in Anlehnung an geologische Erkenntnisse die tiefe Lage der Objekte bewog, seinen Fund für sehr alt zu halten. Ähnliche Funde wurden in der ersten Hälfte des 19. Jahrhunderts besonders in Westeuropa mit entsprechendem Interesse registriert. Tatsächliche Schichtbeobachtungen an archäologischen Befunden machte man regelhaft zunächst nur im Zusammenhang mit solchen altsteinzeitlichen Ablagerungen und an den „Kjökkenmöddingern“, den nordeuropäischen Muschel-Abfallhaufen. Die anfängliche Tiefen-Alter-Verknüpfung kann aber auch abseits dieser spezifischen Befundgattungen als das wissenstheoretische Erbe betrachtet werden, auf dessen Basis Archäologen einerseits Objekte in ihrer Tiefe und Relation zueinander im Boden erfassten und andererseits immer wieder auch Überlagerungen von Befunden beobachteten und sie als Argumente für Chronologie heranzogen. Im Gegensatz zu einer Stratigraphie als wissenschaftlicher Methode gründete die Beobachtung solcher Überlagerungen aber bis zum letzten Drittel des 19. Jahrhunderts eher auf einem ‚passiven‘ Interesse und war nicht Teil einer wissenschaftlichen Programmatik: Man beobachtete Abfolgen dort, wo sie sich gewissermaßen ungefragt eröffneten.

Aber warum begann sich eine wissenschaftliche Schichtenlehre gerade am Ende des 19. Jahrhunderts herauszubilden? Warum verstand man jetzt Mechanismen und Befunde, die man vorher nicht begriffen oder erkannt hatte? Bei der Erforschung altsteinzeitlicher Ablagerungen war die Diskussion um Lage und Zeit der Relikte für die Frage des Menschheitsalters zwar schon zu Beginn des 19. Jahrhundert existenziell. Eine eigentliche Akzeptanz wurde den daraus resultierenden Argumenten aber erst Jahrzehnte später, also in der zweiten Jahrhunderthälfte, zuteil. Für die jüngeren ur- und frühgeschichtlichen Epochen bildete das Drei-Perioden-System ein relativchronologisches Gerüst auf Grundlage der zu einer bestimmten Phase der Vergangenheit für die Werkzeugherstellung vorherrschend gebräuchlichen Rohmaterialien. Der Däne Jens Worsaae hatte es bei der Untersuchung geschlossener Grabfunde bereits um die Mitte des 19. Jahrhunderts anhand aktueller Ausgrabungen bestätigt. Diese Gliederung war in Deutschland – anders als in Skandinavien – aber lange sehr umstritten und sollte sich außerdem als unbefriedigend grob erweisen. Überdies ließen sich damit zwar Grabfunde beziehungsweise Gräber einordnen. Mit der Ausdehnung der Beobachtungen auf prähistorische Befundgattungen wie Siedlungen und Burgwälle war die Gliederung nur noch bedingt hilfreich, da das weitgehende Fehlen von Metallgegenständen an diesen Fundplätzen jede Art der genaueren Zuschreibung erschwerte. Dabei schien die Aussagekraft von Bronze- oder Eisenfunden nicht nur chronologisch begrenzt und in der ethnischen Interpretation zweifelhaft, sie war auch für die heimische Altertumskunde oft völlig unzureichend, wenn etwa eine ausländische Herkunft bestimmter Artefakte nicht ausgeschlossen werden konnte. Dem Direktor des Römisch-Germanischen Zentralmuseums in Mainz, Ludwig Lindenschmit, schien Keramik daher zuverlässigere Informationen über die „altheimische Kulturentwicklung" zu liefern als Gegenstände aus Metall und er beschwerte sich bereits 1860, dass „keinem Theil der Gräberfunde im Allgemeinen bis jetzt eine so unbedachtsame und nachlässige Behandlung zugewendet wurde, als jenen, auf den ersten Anblick freilich oft so unscheinbaren Urnen, Schalen und Näpfen, welche, von der Last des aufgewälzten Hügels zerdrückt, nur selten in ihrer früheren Form erkennbar zutage kommen".

Für Fragen bezüglich Chronologie und ethnischer Zuordnung begann man in den folgenden Jahren Antworten nun auch im keramischen Fundmaterial zu suchen. Während Lindenschmit zunächst mehr eine handwerklich-stilistische als eine chronologische Problematik mit der Untersuchung von Gefäßen verband und durch sie einen Nachweis über die „eigenthümlichen bildnerischen Anlagen der nordischen Stämme" erbracht wissen wollte, betonte Friedrich Klopfleisch Anfang der 1870er Jahre im Verbund mit dem ‚ethnologischen' den chronologischen Erkenntniswert dieser Fundgattung. Auf die Unterschiede in den Tongefäßen lege er das größte Gewicht und zwar „für die Anbahnung einer sichern Methode, um eine Diagnose für Zeitalter und Nationalität zu gewinnen". Später erläuterte er, was Keramik im Gegensatz zu Metallartefakten für die Zeitbestimmung so interessant mache, sei einerseits ihre geringe Haltbarkeit und andererseits ihre Häufigkeit. Während ein Metallgegenstand Jahrhunderte in Gebrauch gewesen sein könne, bevor er in einem Grab niedergelegt wurde, das möglicherweise um mehrere Perioden jünger sei als das Artefakt, sei die Lebensdauer eines prähistorischen Tongefässes mit einem Dezennium schon hochgeschätzt und ‚seine Zeit' daher wesentlich genauer relativchronologisch zu bestimmen. Die große Häufigkeit der „keramischen Denkmäler" wiederum, also der

Scherben und Gefäße, ermögliche „eine umfassende statistische Betrachtungsweise und Vergleiche, welche die Aufstellung von zeitlichen Aufeinanderfolgen sicher fundiert“. Wie im Kapitel über die Grabhügelforschung schon ausgeführt, entwickelte Friedrich Klopfleisch einige Jahre später eine stratigraphische Untersuchungsmethode für Grabhügel, die den Abbau der jeweiligen Hügelschichten nach ihrer Beschaffenheit reziprok zu ihrer Entstehung vorsah. Sein Anliegen war es, über die stratigraphisch gewonnene „Aufstellung von zeitlichen Aufeinanderfolgen“ keramischer Funde zu einem relativchronologischen Gerüst zu kommen, das zur Datierung anderer Befunde mit vergleichbarem Fundmaterial benutzt werden konnte. Klopfleisch ordnete damit den Schichtinhalt der Schichtabfolge unter, und seine Anregung, von einem Grabhügel die Straten seines Aufbaus in umgekehrter Reihenfolge abzutragen, ist als eine der ersten Instruktionen zu stratigraphischer Ausgrabung zu bewerten.

Im gleichen Zeitraum, in dem Lindenschmit und Klopfleisch über den Nutzen von Grabkeramik für die Archäologie räsonierten, wurden Gefäßscherben noch in einem anderen Kontext als archäologisch hilfreich entdeckt: da sich an Fundplätzen ohne Bestattungen nur höchst vereinzelt Gegenstände aus Metall fanden, war es hier nahezu unmöglich, zeitliche Einschätzungen mit herkömmlichen Mitteln durchzuführen. Im offenen Gelände galten Scherbenkonzentrationen lange schon als Charakteristika von Kulturschichten und damit als Indikatoren prähistorischer Siedlungstätigkeit. Ähnliches galt für ihre Anwesenheit in Grubenverfüllungen. Zunächst half die einfache relativchronologische typologische Annahme, dass zeitgleich sei, was gleich aussieht, den frühen Forschern, die Siedlungen zu den vielen bekannten Gräbern zu finden. In der Schweiz hatte sich Ferdinand Keller bereits um 1847 in seiner Ansicht, „dass in unsern Gegenden die Grabhügel nicht in der Nähe der ehemaligen Wohnsitze stehen“, dadurch bestärkt gesehen, dass „am Fusse des Hatlebuckes, auf dessen Gipfel die bekannten Grabhügel sich befinden, beim Graben eines Loches 3 – 4 ’ in der Erde auf einer frühern Kulturschichte, unter Kohlen und Asche, thönerne Geschirre gefunden wurden, welche dem Stoffe und der Form nach mit den in den eben bezeichneten Grabhügeln entdeckten völlig übereinstimmen“.

Dass die Keramik der Siedlungstätigkeit anzeigenden Kulturschicht am Fuß des Hatlebuckes mit jener in den Gräbern auf dem Gipfel übereinstimmte, belegte für Keller, dass Siedlung und Gräber zusammengehörten und zeitgleich waren – und somit nicht in unmittelbarer Nachbarschaft gelegen hatten. Mit dem wachsenden Interesse an Siedlungsstellen und Burganlagen etablierten sich Keramikfunde als relativchronologische Zeugnisse und Argumente. So gelangen Friedrich Lisch und Rudolf Virchow bei ihren Untersuchungen von Feuchtbodenbefunden und Burgwällen in Nordostdeutschland zu diesem Thema maßgebliche Erkenntnisse. Die Frage nach der Zuordnung der ‚preußischen Pfahlbauten', und zwar zum einen nach ihrer Stellung innerhalb anderer Befunde in der Region und zum anderen nach ihrer möglichen Verbindung zu den Schweizer Befunden, war auch in der ethnischen Dimension zunächst ein chronologisches Problem. Eine entscheidende Erkenntnis in diesem Zusammenhang wurde um 1870 gewonnen, nämlich dass die Keramik aus den Pfahlbauten der Mark und Pommerns dieselbe Ornamentierung aufweise wie die der Burgwälle der Region. Der Beschaffenheit des „Thongeräts" schrieb auch Virchow räumliche sowie relativchronologische Aussagekraft zu – eine Urne mit spezifisch geformten Buckeln im Bauchbereich stamme immer aus der Lausitz, auch wenn sie in Breslau gefunden würde, ebenso belege eine übereinstimmende „Mode der Topfwaaren", dass „ein grosser Theil unserer Burgwälle synchronisch mit den Pfahlbauten unserer Seen ist". In einem Brief vom Januar 1870 reagierte Friedrich Lisch mit Zustimmung auf diesen Text und ordnete die von Virchow angesprochenen Scherben, die „entweder Wellenlinien oder Parallel-Linien" trugen, „der letzten Heidenzeit" zu. Durch einen Münzfund verbürgt, träten die Wellen auf der Keramik sicher zu Beginn des 11. Jahrhunderts nach Christus auf, die parallelen Linien seien hingegen jünger. Historisch nachgewiesene slawische Fundplätze wie Arcona oder Garz auf Rügen erlaubten den Forschern die Einordnung dieser Keramikausprägung als spezifisch „slavisch", wobei Virchow die charakteristische Linienverzierung als „Burgwall-Ornament" beziehungsweise die Behältnisse überhaupt als „Burgwall-Gefäße" bezeichnete.

Die Analyse der Siedlungsbefunde sowohl im Feuchtboden als auch im mineralischen Milieu hat gezeigt, dass archäologische Phänomene häufig zunächst in ihrer Erscheinung als Befunde verglichen wurden. Die Zuordnung von Ausgrabungsergebnissen erfolgte also oft direkt über die Beschaffenheit von Befunden. Auch die Burgwälle untergliederte man lange primär nach ihrer Beschaffenheit in Erd-, Stein- und Schlackenwälle und verglich sie anhand dieser Kriterien zudem mit ähnlichen Erscheinungen in anderen europäischen Ländern. Diese Art der Kategorisierung wurde spätestens um die Jahrhundertwende nachträglich recht ungnädig bewertet – „sprang“ doch etwa nach Meinung des Lehrers und Hobbyarchäologen Schmidt aus Löbau durch diese Art Forschung „für die Wissenschaft nichts heraus“. Eher würden so noch irreführende Resultate erzeugt, die keine Aussagen über die zeitliche Zugehörigkeit oder die Erbauer der einzelnen Anlagen erlaube. Schmidt seinerseits sortierte und datierte die Wallanlagen der Oberlausitz 1906 daher nach ihren Funden statt nach ihren Formen oder dem verwendeten Baumaterial. Auch Virchow hatte, wie erwähnt, die charakteristisch linienverzierten Scherben zunächst als Keramik vom „Burgwalltyp“ bezeichnet, was zeigt, dass er die Befundgattung ‚Burgwälle‘ als zusammengehöriges Phänomen betrachtete. So wies er alle Anlagen aufgrund ihres Befundcharakters der gleichen zeitlichen Phase zu und ordnete die in ihrem Bereich gemachten Funde dieser Kategorisierung unter. Als er feststellte, dass die Anlagen auch ganz andere Keramik führen konnten und zwar jener Art, wie er sie aus den Gräbern der Lausitz kannte, revidierte er seine Perspektive. Bezug nehmend auf diese von ihm als „lausitzer Typus“ bezeichnete Keramik* schrieb er 1880: „es hat sich gezeigt, dass dieser Typus sich auch in manchen Schanzen und Wällen findet, und zwar zuweilen in sehr ausgesprochener Weise in tieferen Schichten, während die oberen Schichten Scherben mit dem gewöhnlichen Burgwall-Ornament enthalten“.

Die Burgwälle enthielten also nicht nur die von ihm als slawisch eingeordnete ‚Burgwall-Keramik‘, sondern auch jene vom ‚lausitzer Typ‘, und zwar teilweise in signifikant tieferen Schichten innerhalb der Wallaufschüttung. Hauptsächlich von dieser stratigraphischen Beobachtung – und von der Tatsache, dass die lausitzer Brandgräber „nicht nachslavisch“ sein könnten – leitete er ab, dass „sowohl die Gräberfelder mit lausitzer Tongeräth, als auch die Burgwälle und Schanzen, welche derartige Scherben führen, vorslavische, d. h. entweder germanische oder vorgermanische sein müssen“.

* Unter der charakteristischen ‚lausitzer Keramik‘ verstand man zu jener Zeit primär die oben genannten Gefäße mit Buckeln, die die Bronzezeitforschung bis heute als ‚Buckelkeramik‘ bezeichnet. So spezifizierte der Direktor des „Museums vaterländischer Altertümer“, Leopold von Ledebur auf der Versammlung des Gesamtvereins der deutschen Geschichts- und Alterthumsvereine 1872 die Frage, ob die Grabgefäße aus der Region von Saale und Unstrut in Form und Technik von jenen der Lausitz verschieden seien mit den Worten: „Es kann unter der Frage nur verstanden sein, daß diejenigen Lausitzer Gefäße, welche sich von den gewöhnlichen als spezifisch Lausitzer unterscheiden (mit Buckeln) sich hier finden.“

Welcher Stellenwert der Keramik mit dieser Erkenntnis zukam, lässt sich daran ermessen, dass kleinteilige Scherben zur Erklärung abgebildet wurden. Dies macht deutlich, dass sich die Einschätzung von Keramik für die Vorgeschichtsforschung von dem zu unterscheiden begann, was bis zu diesem Zeitpunkt gegolten hatte. Gefäße waren durchaus auf Tafeln dargestellt worden, aber Scherben hatten höchstens verbal Erwähnung gefunden, da sie auf ‚Küchengeschirr' oder Urnen hindeuteten. Jetzt aber wurden sie abgebildet, weil sie trotz ihres fragmentarischen Zustandes von individuellem Interesse waren. Ihre grundsätzliche Kategorisierung stand jetzt im Vordergrund und es genügte auch ein kleiner Hinweis auf ihr früheres Aussehen. Mit der Zuordnung der Scherbe konnte ihr relatives Alter bestimmt und damit der Fundplatz, von dem sie stammte, datiert werden. Virchow beschrieb die beiden unterschiedlichen Keramiktypen, die in den Stratigraphien der Burgwälle auftraten und bildete dazu sowohl Beispiele vom „lausitzer Typus" als auch von den „slavischen, auf dem Schlossberg selteneren und wesentlich oberflächlich liegenden Scherben" in seinem Text ab. Er hoffe, bemerkte er abschließend, dass die von ihm unterschiedenen Merkmale genügen würden, um als Leitpunkte zu dienen und äußerte die Ansicht, auch der Ungeübte könne sich „hier sehr bald zurechtfinden", womit er die Identifizierung der Keramikstile und damit die zeitliche Einordnung der Gefäßfragmente meinte.

Dass einzelne Scherben und einzelne Schichten fast zeitgleich große Bedeutung als wissenschaftliche Untersuchungsgegenstände in der archäologischen Forschung erlangten, liegt an der chronologischen Aussagekraft, die man beiden zumaß. Zeigte Schliemann auf den Tafeln seines „Atlas Trojanischer Altertümer" ausschließlich ganze Gefäße, so publizierte er Anfang der 1880er Jahre darüber hinaus zahlreiche Abbildungen keramischer Fragmente und beschrieb ihre Merkmale. „Topfwaare" war ihm „das Füllhorn archäologischer Weisheit" und das meinte er an dieser Stelle in Bezug auf chronologischen und auch chorologischen Erkenntnisgewinn so, wie es Lindenschmit, Klopfleisch und Virchow für die deutsche Vorgeschichtsforschung gefordert beziehungsweise (an)erkannt hatten.

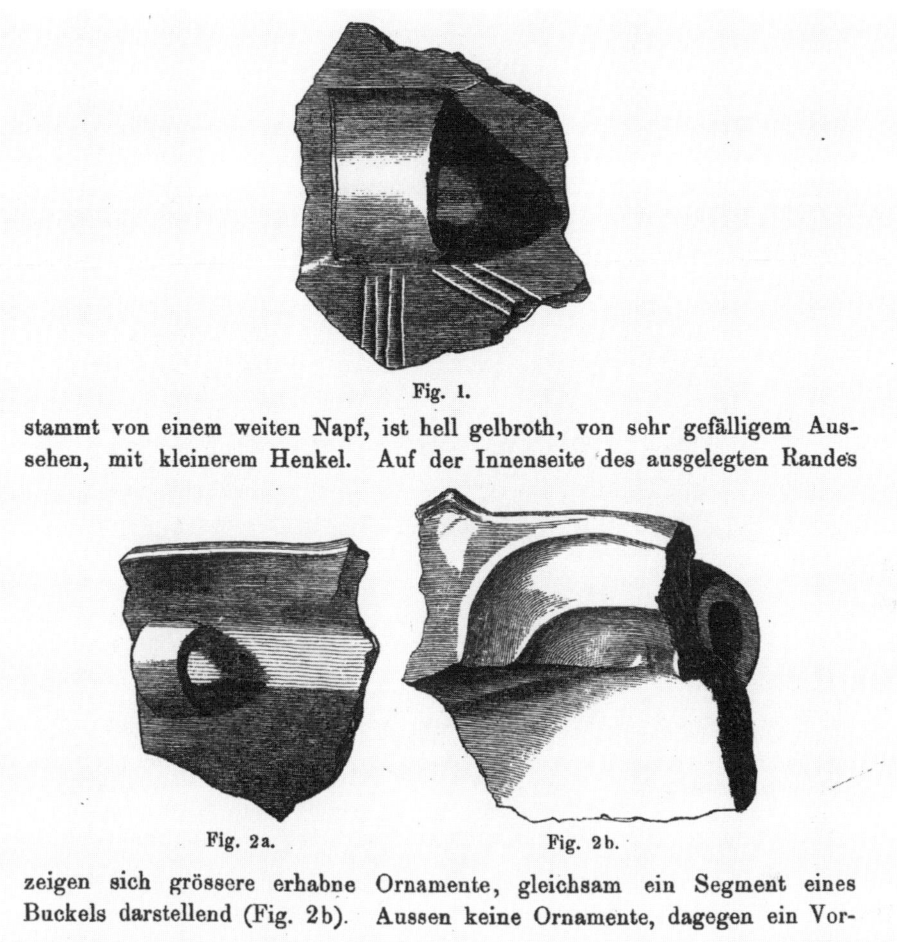
Fig. 1.

stammt von einem weiten Napf, ist hell gelbroth, von sehr gefälligem Aussehen, mit kleinerem Henkel. Auf der Innenseite des ausgelegten Randes

Fig. 2a. Fig. 2b.

zeigen sich grössere erhabne Ornamente, gleichsam ein Segment eines Buckels darstellend (Fig. 2b). Aussen keine Ornamente, dagegen ein Vor-

Scherben der Keramik vom ‚lausitzer Typus‘ nach Rudolf Virchow 1880.

ist die mehrfache Wellenl
ein
Pa
hol
um
sicl
sch
erv

Fig. 7.

Scherbe von ‚slavischer‘ Keramik nach Rudolf Virchow.

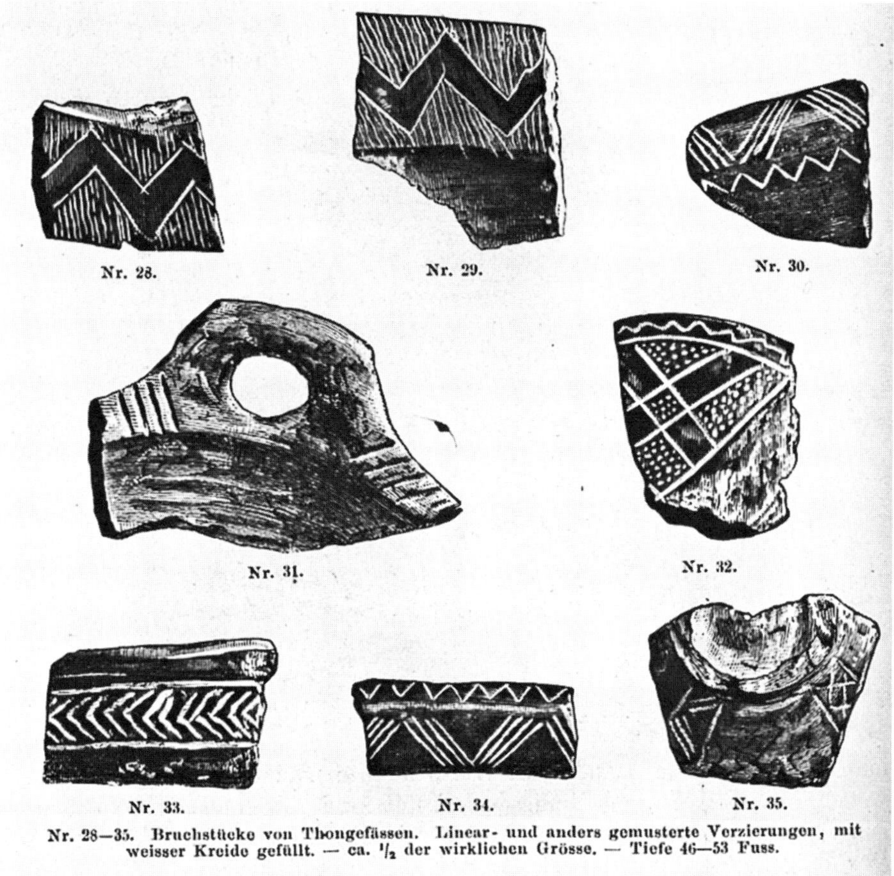

Scherben „der ersten Stadt“ in Troia
nach Heinrich Schliemann, 1881.

Über Gräber und Gelehrte: Epilog

Das 19. Jahrhundert wird häufig auch das „Jahrhundert der Wissenschaften" genannt. In dieser Zeit erlebten die Wissenschaften allgemein einen so raschen Aufstieg, dass sie der Religion innerhalb weniger Jahrzehnte ihren Platz als primärer Weltbild- und Sinnstifterin streitig machen konnten. In den ersten Jahrzehnten prägte die (später im Strömungsbegriff ‚Historismus' kondensierte) Idee, dass alle Wirklichkeit geschichtlich bedingt sei, eine veränderte Geisteshaltung. Dem zunehmend positivistischen, also an Belegen ausgerichteten Wissenschaftsideal entsprachen strenge Forderungen nach einer der reinen Feststellung von Tatsachen verpflichteten Herangehensweise – etwa an historische Textzeugnisse. Mit Blick auf die Geschichtswissenschaften konstatiert der Historiker Thomas Nipperdey sogar, „Quellenkritik" und „Methode" seien damals zu einer Art Selbstzweck geworden.

In der zweiten Hälfte des 19. Jahrhunderts dominierte die Entfaltung der Naturwissenschaften. Endgültig setzte sich nun die Vorstellung durch, alle Dinge seien unter der Voraussetzung von vorurteilslosem Denken und methodischer Disziplin berechenbar. Unzählige praktische Innovationen vermochten dabei auch Laien und Kritiker vom naturwissenschaftlichen Denken zu überzeugen: In Deutschland wurden allein zwischen 1870 und 1890 das Telefon, die Glühlampe, die elektrische Straßenbahn und der erste Kraftwagen konstruiert. Die Chemie klärte die Struktur organischer Stoffe und entwickelte Chemopharmaka wie das Aspirin, der Medizin gelangen entscheidende Durchbrüche gegen Krankheiten wie Milzbrand und Tollwut und die Erkenntnisse der Bakteriologie trugen zum signifikanten Rückgang der Sterblichkeit bei.

Somit bestimmten zunehmend die Naturwissenschaften das Weltbild und gaben vor, was als wissenschaftlich galt. Empirische Arbeitsweise, Kontrollierbarkeit experimenteller Anordnungen und die durch exakte Instrumente erreichten Daten und Werte dominierten die Idee und das Ideal von Wissenschaftlichkeit. Methodik wurde zum Ausweis wahrer Wissenschaft – je regelhafter, desto besser. Auch zahlreiche geisteswissenschaftliche Gebiete griffen dieses Vorbild auf. So begannen bald auch die Archäologien – gleich ob sie bereits etabliert war, wie die Klassische Archäologie, oder im Entstehen begriffen wie die Urgeschichtsforschung –, ihre Wissenschaftlichkeit über Methodendiskussionen und das Postulat der Empirie zu betonen, ja, sich darüber zu definieren. Der jungen Prähistorie half die Berufung auf Methodologie bei Ausgrabungen nicht zuletzt, ihre Ergebnisse wissenschaftlich zu behaupten und zu etablieren. In der Klassischen Archäologie wurde in den letzten Dekaden des 19. Jahrhunderts die Suche nach beweglichen Fundstücken und die architektonische Aufmessung isolierter Bauten abgelöst von einer Feldforschung, die historische Entwicklungen aufdecken sollte. Antike Gebäudeensembles sollten nicht mehr nur als ästhetische Vorbilder für Nachbauten gelten, sondern ihre eigenen Geschichten von antiken Kulturen erzählen.

Von Anfang an unterschieden sich die verschiedenen Archäologien dabei nicht nur in ihrer geisteswissenschaftlichen Zielsetzung von den Naturwissenschaften, die sich ebenfalls über einen materiellen Zugang zu ihren Objekten definieren. Gerade „klassische“ Naturwissenschaften wie Physik und Chemie können ihre Experimente im Labor beliebig oft wiederholen. Archäologische Fundplätze als Untersuchungsobjekte der Ausgrabung hingegen sind nur in Maßen untereinander vergleichbar. Das, was von einem römischen Bad übrig geblieben ist, kann ganz anders aussehen als eine vergleichbare Ruine an einer anderen Stelle. Die Situation ist zum einen abhängig davon, wie der heutige Fundort einst aussah, aber eben auch von den vor Ort herrschenden Erhaltungsbedingungen durch die Jahrhunderte oder Jahrtausende. Den Eigenheiten der archäologischen Orte können Forscherinnen und Forscher nur Rechnung tragen, indem sie jeweils vor Ort eine angemessene Strategie der Fundplatzuntersuchung entwickeln. Umso schwieriger war und ist es, allgemeine methodische Regeln in diesem Bereich aufzustellen – also zwischen der Vielgestaltigkeit der Fundplätze und dem wissenschaftlichen Anspruch eine Brücke zu schlagen. Diese Brücke zur Methode war vielen Ausgräbern des 19. Jahrhunderts bereits wichtig, denn sie wussten um die Brisanz ihrer Arbeit: die Ausgrabung einer Fundstelle galt (und gilt) meist zugleich als ihre Zerstörung. Nach Abgrabung eines Bestattungshügels etwa ist dessen ursprüngliche Struktur nie mehr am Original zu überprüfen. Die Vorstellung von der Ausgrabung als irreversible Zerstörung prägte die archäologische Feldforschung wie kaum eine andere Erkenntnis und verstärkte die Bedeutung von Methoden. Denn ein aufgrund ungeeigneter oder falscher Verfahren erzieltes Ergebnis galt Vielen schon früh als wertlos und somit verloren.

In den ersten Jahrzehnten des 19. Jahrhunderts entstand, ähnlich wie in Skandinavien, auch in Deutschland eine politisch motivierte Altertumskunde, die sich auf der Suche nach ihren vaterländischen oder nationalen Wurzeln um ein Verständnis der schriftlosen Zeiten bemühte. Zunächst lag das Augenmerk der Ausgrabungen der bald in zahlreichen Vereinen und Gesellschaften organisierten Altertumsfreunde auf prähistorischen Grabhügeln. Selbst Johann Wolfgang von Goethe etwa ließ sein Interesse an den „einfacheren Grabhügel der nordischen Völker“ nicht nur in die „Wahlverwandtschaften“ einfließen, sondern beteiligte sich nachweislich auch selbst an einer Ausgrabung in der Nähe von Jena. Davon unabhängig stießen in England und Frankreich seit dem frühen 19. Jahrhundert Naturforscher und Hobbywissenschaftler immer wieder auf Ablagerungen von menschengemachten Faustkeilen zusammen mit Knochen ausgestorbener Tiere und entfachten in ganz Europa eine Diskussion um das Alter der Menschheit. Noch bis in die 1870er Jahre war die immense zeitliche Tiefe der Altsteinzeit keineswegs eine unumstrittene Tatsache, griff sie doch das biblisch festgeschriebene Alter der Erde von 6000 Jahren an.

Etwa zur gleichen Zeit verursachte der Historismus auch in den Studien vom klassischen Altertum eine grundsätzlich veränderte Sicht auf die Quellen der Vergangenheit. Ob in Philologie, Epigraphik oder Architekturgeschichte, man wollte das Material nicht länger nur tradieren und isoliert erklären, sondern Geschichte lebendig erzählen. Spätestens in der zweiten Jahrhunderthälfte waren auch die Geisteswissenschaftler von einem Positivismus durchdrungen, der sie veranlasste, auf konkrete Texte und objektbezogene erfahrungswissenschaftliche Methoden basierende Forschung zu preisen und zu vergeistigten Schwärmereien auf Distanz zu gehen. So sollten Untersuchungen auf dem Boden der klassischen Antike sich nicht länger darauf beschränken, Funde zu bergen und diese losgelöst kunsthistorisch oder architektonisch zu analysieren. Da man Geschichte als Abfolge von Prozessen verstand, wurde am Fundplatz die Erforschung von Entwicklungen und Zusammenhängen relevant und unter dem Einfluss der Kulturgeographie ausführliche Studien zur Landschaft und zu weiteren Fundplätzen der Umgebung üblich.

Bodendenkmale und Artefakte erfuhren also in allen Bereichen eine zunehmende Emanzipation von antiken Texten. Fanden sich in Berichten über Bodenuntersuchungen des 18. Jahrhunderts häufig selbst dort zusätzliche Verweise auf antike Schriftsteller, wo sie aus heutiger Sicht nicht notwendig sind, gingen solche Textbezüge im 19. Jahrhundert zurück. Mit der Herausbildung originär archäologischer Methoden und dem wachsenden Eigenverständnis der archäologischen Altertumskunde als Wissenschaft wurde die archäologische Quelle von ihren Erforschern zunehmend als eigenständig begriffen und war glaubwürdig auch ohne zusätzlichen Verweis auf einen Text.

Wissenschaft – wie entsteht, wie funktioniert sie? Im Rückblick wirkt jede wissenschaftliche Entwicklung wie ein selbstverständlicher Baustein auf dem Weg zu mehr Wissen. Es scheint, als hätten Methoden sich einfach sukzessive verbessert, Irrtümer der Vergangenheit den „richtigen" Weg gewiesen und eine zunehmende Präzisierung technischer Geräte ihr übriges dazu getan, um immer genauere Ergebnisse hervorzubringen. Doch der Blick auf die Geschichte archäologischer Tätigkeit zeigt einmal mehr, von wie vielen unberechenbaren Faktoren das abhängig ist, was wir so selbstverständlich als „wissenschaftlichen Fortschritt" annehmen. Umstände spielen eine große Rolle, etwa in Form gesellschaftlich akzeptierter Werte. Zum Beispiel macht der Siegeszug der Wissenschaft über die Religion im 19. Jahrhundert die Idee einer sehr alten Erde im wahrsten Sinn des Wortes überhaupt erst *denkbar*, eröffnete also neue Möglichkeiten der Wahrnehmung und des Denkens.

Auch Goethes berühmtes Wort, dass man nur erblicke, was man schon wisse, findet zahlreiche Bestätigungen in der Geschichte archäologischer Forschung. Vorlieben und Berufe einzelner Forscher bringen neue Fragen ins Spiel oder intensivieren die Untersuchung bestimmter Objekte, die vielleicht bis dahin nur marginal behandelt wurden. Die Erforschung der olympischen Wasserleitungen durch einen Wasserbauingenieur führt dank der allgemein hohen Reputation der Olympia-Grabungen dazu, dass die antike Wasserversorgung am Ende des 19. Jahrhunderts zu einem wesentlichen Bestandteil im Kanon der Forschungsfragen auf Ausgrabungen der Klassischen Archäologie avanciert. Ein anderes Beispiel ist Rudolf Virchows Begeisterung für die alpenländischen Pfahlbauten, diese erst lassen ihn verstehen, ja im Goetheschen Sinn „erblicken", dass die Pfähle, die er schon früher in seiner preußischen Heimat beobachtet hat, auf vergangene Holzarchitektur hinweisen. Doch seine Hoffnung, hier die gleichen spektakulären Siedlungen der Vorgeschichte wie in der Schweiz gefunden zu haben, führt ihn in die Irre und am Ende verdankte er dem Irrtum die Einsicht in über zwei Jahrtausende jüngere Holzkonstruktionen der Slawen.

Und letztlich: ein grandioser Irrtum wie jener Glaube Schliemanns, den Trojanischen Krieg einfach ausgraben zu können – nicht nur als Negativbeispiel hat die Archäologie dem „Schliemanngraben" viel zu verdanken. Beschädigt hat der selbsternannte Troja-Forscher den berühmten Ort, in wichtigen Teilen regelrecht zerstört, doch andererseits verstand Virchow nirgends deutlicher als an Schliemanns Schnitt durch den Burgberg was Schichtung bedeutet und konnte Dörpfeld am Ende des 19. Jahrhunderts solche stratigraphische Komplexität erfassen lernen.

So zeigt sich die Entwicklung von Forschung und Erkenntnis in der Archäologie nicht als Anhäufung von Wissen sondern eher als ungeordneter, alles andere als gradliniger Weg zwischen „Zeitgeist", Zufall und Netzwerken sowie zwischen Theorie und dem, was tatsächlich möglich ist. Selbst Methodik lässt sich kaum als ausschließlicher Beleg für eine „objektive" Wissenschaftlichkeit anführen. Lesen sich etwa die Ausgrabungs-Postulate der deutschen Hügelgräberexperten noch so sehr als methodologische Gebote, so weichen ihre Autoren selbst häufig genug von ihren eigenen Vorgaben ab – und „schlachten" einen Hügel auf ganz unsystematische Weise, wenn profaner Baumbewuchs oder Zeitmangel ein wissenschaftliches Vorgehen nach ihren eigenen Maßstäben vereitelt oder einfach nur, weil ihnen das Geld ausgeht.

Auch das eingangs beschriebene naturwissenschaftliche Wissenschaftsideal der Archäologie des 19. Jahrhunderts – und damit verbunden die Bedeutung tatsächlich naturwissenschaftlicher Untersuchungsmethoden etwa zur Beantwortung metallurgischer oder botanischer Fragen – steht nicht einfach am „Anfang" einer Forschungslinie, die ins 21. Jahrhundert weist. Zu Beginn des 20. Jahrhunderts verblasste in der Vorgeschichtsforschung das

Interesse an den Naturwissenschaften stark und empiristische Leitbilder machten teilweise groben ethnologischen Theorien Platz. Heute arbeiten Archäologinnen und Archäologen sowohl im Feld als auch in den Universitäten und Laboren mit modernster Technik und naturwissenschaftlichen Methoden. Doch sind Versuche wie jene der Hügelausgräber des 19. Jahrhunderts, nach naturwissenschaftlichem Vorbild Vorgehensweisen zu standardisieren, heute weitgehend aufgegeben worden, um die Individualität einzelner Fundplätze besser berücksichtigen zu können. Wie viel Festschreibung die Archäologie für ihre Feldforschung braucht, darüber herrscht allerdings auch heute keine Einigung. Sollte am Ende der österreichische Archäologe Moritz Hoernes Recht behalten, der 1893 über die Prähistorie als Archäologie sagte, was sie sei und wie sie betrieben werden müsse, „das lernt man natürlich aus der Erfahrung, wenn nicht einzig, so doch viel besser als durch jede systematische Anweisung“?

Weiterführende Literatur

Andree, C. (Hg.): Briefe von Rudolf Virchow und Heinrich Schliemann 1877–1885, Köln/Wien 1991.

Antiquarische Gesellschaft in Zürich (Hg.): Pfahlbaufieber. Von Antiquaren, Pfahlbaufischern, Altertümerhändlern und Pfahlbaumythen, Zürich 2004.

Archäologisches Landesmuseum Baden-Württemberg u. a. (Hg.): Troia. Traum und Wirklichkeit. Begleitband zur Ausstellung „Troia – Traum und Wirklichkeit", Stuttgart 2001.

Bäbler, B.: Archäologie und Chronologie. Eine Einführung, Darmstadt 2004.

Bahn, P. (Hg.): The Cambridge Illustrated History of Archaeology, Cambridge/New York 1996.

Bahn, P./Renfrew, C.: Basiswissen Archäologie. Theorien – Methoden – Praxis, Darmstadt 2009.

Beyer, J.: Archäologie. Von der Schatzsuche zur Wissenschaft, Mainz 2010.

Borbein, A./Hölscher, T./Zanker, P. (Hg.): Klassische Archäologie. Eine Einführung, Darmstadt 2000.

Cartier, S.: Licht ins Dunkel des Anfangs. Studien zur Rezeption der Prähistorik in der deutschen Welt- und Kulturgeschichtsschreibung des 19. Jahrhunderts, Herdecke 2000.

Cobet, J.: Heinrich Schliemann. Archäologe und Abenteurer, München 1997.

Curtis, E./Adler, F. (Hg.): Olympia. Die Ergebnisse der von dem Deutschen Reich veranstalteten Ausgrabung. 10 Bände, Berlin 1890–1897.

Daniel, G.: Geschichte der Archäologie, Köln 1990.

Fischer, T.: Bilder von der Vergangenheit. Zur Geschichte der archäologischen Fächer, ZAKMIRA-Schriften 2, Wiesbaden 2005.

Freeden, U. von/Schnurbein, S. von (Hg.): Spuren der Jahrtausende. Archäologie und Geschichte in Deutschland, Stuttgart 2003.

Gersbach, E.: Ausgrabungen heute. Methoden und Techniken der Feldgrabung, Darmstadt 1998.

Jöns, H./Lüth, F. (Hg.): Mecklenburgs Humboldt: Friedrich Lisch. Ein Forscherleben zwischen Hügelgräbern und Thronsaal. Ausstellungskatalog, Schwerin 2001.